鹿沼土だけで楽しむ洋ラン・ミニ観葉

宮原俊一 著

農文協

「鹿沼土」だけなら根腐れなし

鹿沼土だけ栽培の植物と筆者
左の黄色い鉢２点はアグラオネマ、左下はポトス、中央上がペペロミア、中央下はタニワタリ・エメラルドウエーブ、右上はコチョウラン、右下はレックスベゴニア

水やりのタイミングは「色」でわかる

鹿沼土を使う最大の理由

鉢の中の空隙確保と、水の含み具合によって色が鮮やかに変わること。これで水やりのタイミングが誰にでもよくわかる。右はほぼ飽水状態、中央は乾きぎみになった状態、左は乾燥状態

これ以上白くなると乾きすぎ
白く乾いた鹿沼土がちらほら見えてきたときが水やりのタイミング

水やりすると
鹿沼土はたちまち白色から赤茶色に変わる

鉢の中は豊富な空隙

2年ほど鹿沼土で育てたアグラオネマの親株

挿し穂をいくつか取っているので、それにつながっていた根が枯れているが、新根が伸びている。根腐れの様子はない

水が多くても大丈夫

ランの栽培

受け皿に水を入れておくのは御法度とされているが、鹿沼土だけ栽培ならば大丈夫

アグラオネマを栽培しているガラス容器の中

鹿沼土は十分に水を含んでいても、空隙がたくさんあることがよくわかる

有機物、培土をきれいに流す

わい性のシンゴニウム

一般の培土で育てたものを鹿沼土に植え替えるときは、有機物や培土をきれいに洗い流すことがポイント

施肥は粒状IBのみ

鹿沼土栽培では液肥は御法度

施肥はIB化成で
右のように葉色がうすくなってはじめて株元に施用する（テーブルヤシ）

容器でも楽しめるミニ観葉

ミニ観葉を容器に入れ、鹿沼土で満たす。その後に鹿沼土の表面まで水を入れればOK。容器に底穴は開いていない

ミニ観葉は底穴のない、好みの容器が使え、狭い場所にも飾りやすい

花を何度も楽しもう

デンファレが花を咲かせている

水ゴケでなくてはいけない、温度を高くしなければいけない、といった固定観念を鹿沼土が破壊した

撮影●1、3〜8ページ　赤松富仁（著者勤務先「フラワーパークかごしま」にて）　2ページ　編集部

はじめに

豪華な洋ランをプレゼントされても、花が咲き終わった後の管理がわからずに、そのまま枯らしてしまった経験はありませんか。

洋ランは高価だというだけでなく、加温や遮光設備のある温室などの施設が必要で、栽培管理も難しいと思い込み、自分で買ってまで楽しもうと思っている人はとても少ないのではないでしょうか。

また、緑鮮やかな観葉植物がそばにあると心が和みますが、水やりのタイミングがわからなくて、過湿や過乾燥で枯らしてしまったり、鉢の置く場所が確保できないからと、栽培をあきらめている方はいませんか？

そんなあなたのために、手軽に室内での栽培を楽しむ方法をご紹介します。

世間には洋ランや観葉植物の栽培法を解説した本や雑誌がたくさんあります。販売店でもちょっとした手引きをつけてくれたり、いろいろとアドバイスをしてくれる方もいるでしょう。

でも、ここに書かれているのは、これまで見たり聞いたりしたことのない、これまでの栽培常識を覆す画期的なやり方だと思います。そんなことでうまくいくのか？　と多くの人が疑問視されるかもしれません。

ご心配なく。このやり方では、用土として用いる鹿沼土のおかげで、初心者や高齢者の方にも、驚くほどかんたんに、しかも上手に栽培できるようになります。

どんな種類の洋ラン・観葉でも任せなさい、とはいえませんが、まずはとにかく洋ランの花を咲かせ、小さな観葉植物をコーヒーカップなどの素敵な器で長く楽しむ、その第一歩のお手伝いができることと思います。

お金をかけず、手間もかけずに花と緑に囲まれた豊かなライフスタイルを存分に楽しめる。この本がそんな室内園芸への案内役になれれば、著者としてなによりのよろこびです。

２０１７年３月

宮原　俊一

鹿沼土だけで楽しむ
洋ラン・ミニ観葉

目次

洋ラン栽培の実際――33

ミニ観葉栽培の実際――59

ミニ観葉はかわいい容器でドレスアップ

撮影／中島 満

本書で「ミニ観葉」といっているのは、厳密な定義ではありませんが、鉢のサイズがだいたい「3号鉢」よりも小さいものを指すとお考えください。
「3号鉢」は、鉢の直径が3㎝×3＝9㎝です。土の量としては0.3ℓ。
通常園芸店では、4〜5号鉢を「小鉢」というようなので、それよりも小さいのが「ミニ」。鉢でなくても、マグカップ、コーヒーカップ、急須のようなものに植えた場合にも「ミニ」といっていいでしょう。

「鹿沼土だけ」だから楽しめる室内園芸

「洋ラン・ミニ観葉は難しい」は本当か？

思い出した「水だけ観葉」

「洋ランは花後の管理が難しい」とは誰でもいいます。また、花がないならかんたんだと思った観葉植物でも、思うように楽しめない方が意外に多いとも聞きます。それは本当なのでしょうか。

本書では、「鹿沼土だけ」で栽培するならばそんなことはないことを解説していきますが、どうしてそんなアイデアにたどり着いたのか、そのきっかけから紹介しましょう。

私は長年、花き園芸などの指導機関で仕事をしてきました。専ら生産者の皆さんの生産技術や経営の改善を考えるのが務めですが、平成23年に指宿市花き振興会から「消費拡大」についての講話を依頼されました。どのような提言をすれば魅力的で有益な内容になるのか、多少の不安はありましたが、当時消費拡大については自分なりに考えるところはあったので、これを機にいっそう発展させるよいチャンスだと思って、快く引き受けました。そこで私は考えました。

振興会の会員には、観葉植物の生産者も含まれていて、観葉についても触れなくてはと考えたのですが、そのとき、はっと思い出すことがありました。

平成5年に、カツオ節で有名な枕崎市の某喫茶店の化粧室で、牛乳ビンで、水だけで育てられていたオリヅルランとポトスを見て、とても興味を惹かれました。

当時、たまたま全く使っていなかったおしゃれなコーヒーカップを2つ持っていたのですが、これで育てられたらもっとかわいいのではないか、と思いました

さっそく試してみたのですが、コーヒーカップは牛乳ビンと違って口が広く、底が浅いので、植物をバランスよく固定できませんでした。

そこで、近くの園芸店で販売されていたボラ土（日向土ともいわれる、宮崎県南部などの霧島系火山帯で採取できる硬い軽石。鹿沼土も同じく軽石）を使ってみたところ、うまく植物を固定でき、湿害もなく長く育てることができました。

その後、ポトスとオリヅルランが大きくなって下葉が枯れたり、鉢とのバランスが悪くなったりして、いつしか栽培をやめてしまっていたのですが、この経験を講話に生かせるのではないかと考えたしだいです。

水やりさえ克服できれば

あわせて、消費者の意向にも的確に応えることがとても大切だと考えました。消費者からの声としてよく耳にするのが、次の4点です。

すなわち、

①水やりのタイミングがわからずに枯らしてしまう

②不快害虫が鉢底に住み着くことがある

③部屋が狭いので大きな鉢は置けない

④花が咲かないので、種類が少なく見え、多様性に乏しい

②〜④については、コーヒーカップなどの容器を鉢として使えば解決できると考えました。底穴がない容器を使えば虫はつきません。狭い部屋ならとにかく小さい容器にすればいいのです。

④については、観葉植物の種類は限られていても、コーヒーカップなどのおしゃれで、かわいい容器はたくさんあるので、容器との組み合わせで多様性を創出できる、と思いました。

ここでは①が最も難しい課題で、いささか悩みました。既存の製品では、水の量がはっきりわかる透明な容器や、二重鉢で中の鉢を持ち上げるか、付属の水位計で水量を確認するものもありますが、どれも決定版とはいいがたいものでした。

このことと、前述の「ボラ土」での経験から、「水やりのタイミング」がはっきりわかるという点で、水分の減少とともに色が変わる「鹿沼土」に思い至ったのです。

このように、鹿沼土を用土とし、かわいい容器を鉢にしたミニ観葉の栽培は、消費者が花や緑のある暮らしを手軽に楽しみたいという要望に、十分応えることができると考えました。

同時に、水やりの失敗が多い洋ラン栽培への応用を考えつきました。こちらはさすがに底穴なしでは無理なのですが、鹿沼土の特性を生かせないかと思ったときに、「受け皿に水がたまっても捨てない」という常識破りの方法に気がつきました。

「洋ラン・ミニ観葉は難しい」という先入観は、常識破りの栽培法で覆ることになったのです。

口絵写真を撮影した赤松カメラマンが自宅の洋ランを鹿沼土だけでプラ鉢に植え替えた
さっそく動き出したデンドロビウム

受け皿に水がたまっていてもかまわない

常識破りの栽培法

鹿沼土はどこの園芸店でも手に入る資材です。珍しくありません。値段も安い。普通は他の用土と混ぜて使うものだと思われていますが、この栽培方法では「鹿沼土だけ」です。誰もが「ええっ?」となりますが、それが大事です。

そして、さらに皆さんびっくりするのは「受け皿に水がたまっても捨てない」こと。こうなると本当に常識破りになります。けれどもこの常識破りは「鹿沼土だけ」だから成り立つこと、といったらどうでしょう。おやっと思いませんか?

室内園芸での問題は根腐れです。根腐れは過湿で起こります。この根腐れが起こらないようにするための条件が「鹿沼土だけ」なのです。

根腐れなしの理由

通常の土では、水やりをすれば土中の空気は減ります。排水が悪ければ根は酸欠になりやすく、根腐れしやすくなります。また、土の中には未熟の有機物や場合によっては根に有害な物質が含まれているので、これが水の中に溶け出して根に悪影響を及ぼすこともあります。

ところが鹿沼土は軽石です。粒子が粗く、すき間が多いので、酸素は十分確保されているので、水やりをしても根が酸欠になることがないのです。根に影響を与える有機物もありません。というわけで、受け皿に水がたまっていてもかまわないのです。洋ランや観葉植物の本だけでなく、花屋さんも、資材店の人も、そして園芸愛好家の皆さんは、必ずといっていいほど「受け皿には水をためてはいけない」といいますが、それは「鹿沼土だけ」ではないからなのです。

水耕栽培でも根腐れ防止剤が必要とされていたり、要するに、根腐れを防ぐために、あれこれ苦労をしていたわけですが、そこをひっくり返したのがこのやり方です。

室内園芸だからこそ

「そんなに鹿沼土だけがいいのなら、どうして生産者は使わないの?」という質問が出てきそうです。いい質問です。

園芸店で売っているコチョウランの鉢の中は水

ゴケやバークだったりします。鹿沼土ということはありません。それは生産者の栽培環境が、普通の家の中とは全く違うからです。

　園芸のプロである生産者の花つくりは、趣味ではありません。より生育がよく、花数の多い鉢を目指して、ハウスの環境を整え、万全の管理をして出荷します。そこでは鹿沼土云々よりも、もっと重要なファクターが存在すると思われます。評価の外、ということなのかもしれません。たぶんそうだと思います。市場においてある一定の評価を得なくてはならないという至上命題があり、ずっとやってきたことをあえて変えてみようとしない可能性は大きいでしょう。

　用土を変えてみたり、いろいろと研究をしている方はいるかもしれませんが、鹿沼土には着目しません。酸性が強いということもあるでしょう。水ゴケは肥料の保持力は高い。

　それに対して、鹿沼土はどんどん下に流れてしまう。夏の乾きやすさは、生産者にとっては頭が痛いかもしれません。

　というわけで、家庭園芸とは前提がまったく違います。また「もともとの原生地の環境に近づけてやることが上手な栽培のコツ」というようなことがいわれたりもします。そのこと自体を否定するものではありませんが、私たちが毎日暮らしている部屋の中でそれを実現することの難しさを考えれば、誰でもやれるものではないことは明らかでしょう。

「鹿沼土だけ」だから楽しめる室内園芸

水やりのタイミングが誰でもわかる

決め手は色の変化

「根腐れ問題」が怖くない、という点はなんとなくおわかりになったと思います。けれども、もうひとつありますね。そう、「水やりのタイミング」です。

　実は「軽石」という点では、鹿沼土ではなくても、すでに述べたボラ土でも同じことです。決め手は「色」です。

　鹿沼土は乾燥状態では、少しベージュがかった白です。これに水をかけると、サッと赤茶色に変身します。この色の変化がとても鮮やかなのです。本書の表紙カバーにも写真を使っていますが、その差は歴然。これほど違いがはっきり出るものはほかにありません。ボラ土ではこうならないのです。口絵の写真でもそれがよくわかると思います。乾いてきたかどうかは色でわかるので、白っぽくなってきた粒がちらほら見えてきたところで水をやればいいのです。このタイミングは誰でもわかります。

前述したように、受け皿に水がたまっていてもかまわないので、一度水がたまるほど多めにやって、その後は「顔色」を見ながらやればいいのです。受け皿を使わないミニ観葉でも同じです。

過湿よりも乾きすぎにご用心

一時的には多めにやっても大丈夫なので、長期の外出があって、誰かに水やりを頼むことも気楽にできます。頼む人がいなければ、受け皿に水をためておけばいいのです。鹿沼土でない場合は、過湿で枯らしてしまうことが多いのです。それに対してこのやり方だと、乾かしすぎで枯れてしまうことのほうが多いぐらいです。

自宅にもいろいろな大きさの鉢がありますが、必ずしもみな同じときに水やりをするわけではありません。毎日水の乾き具合を見ていないと、特に鉢数が多い場合には、枯らしてしまうことがあります。ですから、繰り返しになりますが、水やりは鉢の上面の粒子がやや白っぽくなったら。しばらく留守をする場合には、どの鉢も同じように十分水をやっても心配ありません。このことだけを覚えてください。

「鹿沼土だけ」だから楽しめる室内園芸

葉水なし、移動なし、手間&お金のかかることなし

家の中で葉水はたいへん

室内園芸でけっこう面倒なのが葉水（霧吹き）です。植物を栽培するには、できるだけ原生地の環境に近づけなさいというのが原則のようにいわれていますが、霧吹きもその一環。熱帯雨林の湿潤な環境を再現しようという考えのようです。そ

の点からいえば、理想的には葉水はしたほうがいいのかもしれません。

けれども結論からいえば、この栽培法ではしなくても大丈夫です。できるだけ手間がかからないほうがいいと考えます。

家の中に置いてあれば、畳や床が濡れてしまいます。それを避けるには、霧吹きの度に外に出したり、風呂場でやったりしなくてはなりません。鉢がひとつだけでなく、いくつもあればその手間は馬鹿になりません。平気で霧吹きができるような土間がある家だとしても、です。

そこでやめたらどうなるか、と思ってやってみたら、なんともありませんでした。以来、「葉水なし」です。

鉢は動かさない

もうひとつの面倒は、鉢の移動でしょう。それもしません。鉢が小さくても、数が増えれば移動には手間がかかります。冬の夜間に少しでも暖かい場所に移したり、気温の上昇とともに日当たりのいい野外に出すことはやらなくてもいいのです。私のやり方は「周年室内・移動なし」です。日陰がなければ寒冷紗で覆って、などという本もありますが、それができる人はとても限られると思います。

また、どうしても移動しなくてはならないときに、「ミニ観葉」ならば身体に無理なく安全に移動が可能です。受け皿もないので手間もかかりません。

すでに述べた「受け皿の水」についても、実は手間の問題はとても大きいのです。受け皿の水を捨てるという作業は、捨てる水を入れるバケツのようなものが必要ですし、捨てている最中の受け皿がもうひとつ必要です。

先日も霧島市の方で、200鉢近く水ゴケ栽培の洋ランを持っているので、受け皿にたまった水を捨てるのに半日かかるといっていました。そこまでたくさんでなくても、なかなか手間のかかる作業だということは、おわかりになると思います。

液肥もやらない

もちろんお金もかけません。肥料は粒状のものを数粒置くだけ。液肥は使いません。

液肥をやる場合には2週間に1回とか、もっと頻繁にということになるようですが、鉢がひとつ2つならともかく、たくさんあればそれもたいへんです。煩わしいし、濃度を間違えれば障害が出ます。前回はいつやったかも覚えていなくてはなりません。毎週決まった曜日に、というようなことにでもしないとうまくいかないでしょう。初心者は液肥はいりません。べつに液肥でなくても花は咲きます。必須ではありません。液肥の扱いになれた方はどうぞ、ということで。

話は変わりますが、観葉植物を大きく育てるには穴あきの鉢が必要になるし、肥料もやらなくてはなりません。というわけで、この栽培はそういう意味でも理にかなっているのです。

このように私のやり方は、徹底して手間をかけない、お金もかけないことが特徴です。それはなにより、誰にでも室内園芸を楽しめるような技術を伝えたいからです。よりよくするためにはいくらでもやりようはあると思います。でも、極力そのハードルを高くしたくないのです。

まずは誰にでもやれることを目指そうということです。

鹿沼土だけ栽培と従来栽培の比較

●洋ランでの比較

	一般的な栽培（水ゴケまたはバーク）	鹿沼土だけ栽培
受け皿の水	受け皿に水をためてはいけない。	受け皿の水は捨てなくてもいい。留守にするときは受け皿にためておく。
水やりのタイミング	水ゴケでは乾き具合で判断する。根腐れや病気を防ぐため、特に冬は表面だけではなく内部の湿り具合を把握する必要あり。バークでは見た目ではわかりにくいので、鉢を持ち上げて重さで判断。乾燥させすぎて枯らす場合あり。	受け皿の水がなくなり、鉢表面の土がやや白っぽくなったときが水やり時なので、失敗がほとんどない。
冬の水やり時間帯	できるだけ日中の暖かい時間帯。水温が低ければぬるま湯を使う。	昼間やれなければ夜遅くてもいい。ぬるま湯でなくても水道水でいい。
温度管理	コチョウランを咲かせておくには、室内温度は 18℃。最低でも 13℃以上。適切な水やりができれば５～６℃程度でも可。窓際の鉢は夜間部屋の中央に移してダンボールや毛布で覆う。	無加温。最低気温は５～６℃程度(ときに２～３℃)でも可。ただしコチョウランのステムが見え始めるのは 12 ～３月。開花は４月下旬～５月以降。置き場所は窓際のままで移動なし。
施肥	油粕や IB 化成などの緩効性肥料と、生育を見ながらの液肥施用。	IB 化成などの緩効性の粒状肥料。
葉水	必要に応じて実施。	不要。葉が汚れたら，濡れティッシュで拭く。
植え替え	水ゴケでは、根が張ると外すのに手間がかかる。バークは水ゴケよりは楽。	用土がポロポロと取れやすいのでバークよりも楽。
用土の再利用	必ずしも不可とはいえないが，再利用は勧められていない。	水に１カ月以上浸けるか、早く使いたければ煮沸処理で可。

●観葉での比較

	一般的な栽培	ハイドロカルチャー栽培	鹿沼土だけ栽培
鉢底の排水穴	あり	なし	なし
受け皿の必要性	あり	なし	なし
鉢底でのアリ、ナメクジ発生	あり	なし	なし
鉢の種類	陶器や素焼き、プラスチック製など。	ガラスかプラスチックなど。多様性なし。	多種多様。コーヒーカップ、マグカップ、急須、湯飲みなど自分が気に入った容器でよい。
用土	市販培養土か、赤玉土や腐葉土、堆肥などを混合したもの。	人工専用培土。根腐れ防止剤添加。	鹿沼土のみ。再利用可能。格安。
水やりのタイミング	用土の表面が乾いたとき。初心者にはわかりにくい。	表面の用土がやや白っぽくなるか、鉢底に水がなくなったとき。水やりの間隔は短い。	表面の鹿沼土がやや白っぽくなったときなので、誰にでもひと目でわかる。容器いっぱいにためてもいいので、水やりの間隔は長くできる。

常識を疑ってみよう

すでに述べたように、鉢植え栽培では「受け皿に水をためてはいけない」というのはいわば常識中の常識でした。しかし「水をいちいち捨てるのは面倒、そのままで済ませることはできないか」と考えて、鹿沼土だけの栽培にたどり着きました。結果として、常識は疑ってみてもいいものだ、ということがわかりました。

出発点は「現状を打開したい」という発想。具体的には「作業をもっと楽に、もっと速く、しかもお金をかけずにやる」といった課題をどうしたら可能にできるのかを考えることです。

そうした問題意識をもっていれば、ひょっとしたきっかけでヒントが得られますが、なにも考えていなければ、せっかくの発想転換のチャンスが目の前にあっても、あるいは過去の体験があったとしても、それに気がつきません。

私の場合は「牛乳ビン」に植えられたオリヅルランとポトスでした。単なる「思いつき」かもしれませんが、「なんとかできないのか」と常日頃考えていなければ、そのことを思い出すことはなかったと思います。

ガーデニングを人生の楽しみに

生きていれば、必ず悩みや苦しみ、ストレスがついてまわりますが、楽しみの数が多ければそれらに打ちのめされることはありません。いつどこで誰に教わったのか自分でもわかりませんが、人生を気楽に生きる知恵として、いつのまにか「人生は自分が楽しむための時間である」と思うようになりました。同時に、せっかく与えられた一度しかない貴重な人生が、どうすれば楽しくなるか考えるようにもなりました。

その結論は、仕事、家庭、趣味の３つに区分し、それぞれ具体的な目標をもち、その目標達成のために努力するということでした。目標がやる気を起こし、やる気を起こしてがんばれば生きがいが生まれ、生きがいがあれば人生は楽しくなる、と考えます。

さて、私には現在多くの楽しみがありますが、私の趣味および家庭の目標のひとつは、四季折々に美しい花々が咲き乱れる手づくりの、家族が憩える庭の完成、今風にいえばガーデニングです。

花づくりで、自分がそこに住んでいるのが楽しいと思えるような環境を積極的につくってみてはどうでしょうか。

「無理なく・かんたん」のポイント

鹿沼土をもっと知る

鮮やか変身

鹿沼土は、土の乾き具合がよくわかるので、水やりのタイミングがとてもわかりやすい土です。乾燥しているときには白くなり、水分を含むと赤茶色（3ページ）になります。そしてなにより、洋ランという植物にとって最も重要な点は、水はけ、通気がよいことです。着生ランは根が太く、特に通気がよいことを好みます。

鹿沼土は、栃木県鹿沼市を中心に産出される、本来は土というよりも小粒の軽石です。赤玉土ほどやわらかくはなく、軽石よりやわらかめですが、ある程度硬さがあり、赤玉土のようにかんたんにくずれないのが特徴です。軽石という点では、日向ボラ土とか、薩摩ボラ土とかいわれるように、本来、宮崎や鹿児島が産地の軽石もありますが、乾湿で色の違いがはっきりするのはなんといっても鹿沼土。

中粒で微塵なしを

鹿沼土自体について、いろいろと説明するほどのことはない、という存在。特性についてあれこれ検討されている資材ではありません。

酸性が強く（酸度pH：ペーハーは4～5程度）、サツキやツツジ、エビネや寒ランなどの酸性を好む植物の用土として利用されます。保水性、排水性がよいので、挿し芽用土、園芸培養土（混合用土）の構成用土としても使用されています。

いろいろな大きさの鹿沼土

ふるいをかける

鹿沼土は粒径によって、大粒、中粒、小粒、細粒（あるいは微粒）に区分されています。各粒の粒径は、販売会社によって若干異なるようです。

排水をよくするために、大粒を半分混ぜたり、排水をさらによくするため大粒を鉢底に少し敷いたりしてもよいでしょう。大粒は通気性はよいのですが、大粒だけだと乾きやすく、かん水回数が増えます。

なお、袋には中粒の表記がされていても、小粒や微塵がかなり混入しているものもあるので、必ずふるいを通しておきます。

また、「上質」とだけ表記され、粒の大きさが表記されていないものが多くあります。質のいい鹿沼土の条件は、粒がそろっていることと、目づまりの原因となる微塵がないこと、もろいと微塵が生じやすいのである程度の硬さがあることです。上質と銘打っているものは、ふるいをよくかけて微塵を取り除き、粒の選別をしている分が価格に反映されているのでしょう。ただし、公的な規準に基づいているわけではありません。そこは注意が必要です。

ミニ観葉植物では容器が小さいので中粒を使用しています。植物と鉢が大きな場合は、大粒を使用します。

鹿沼土の特徴

鹿沼土の特徴をもう一度まとめてみます。

①軽くて安い

これまでのハイドロカルチャーの用土や、洋ラン栽培で多く使用されている水ゴケなどと比較すると、かなり値段が安いといえます。また、軽くて取り扱いがしやすい資材です。

②保水性、排水性、通気性がよい

洋ラン栽培に限らず、鉢栽培ではこのことは欠かせない条件です。コチョウランなどの着生ランは、特に通気性がよいことを好みます。粒子と粒子の間には空隙（すき間）ができるので、鹿沼土は洋ラン栽培に適しているといえます。

③有害成分を含まない

底穴のない容器で栽培しても、湿害が発生しないのは、先にも述べたように、鹿沼土が有害成分を含んでいないからだと思われます。

④肥料分が少なく、酸性も強い

こうした特性は通常の栽培では、欠点となることが多いのですが、ミニ観葉栽培では逆に長所になります。というのは、肥料と酸度が適正であれば、植物がどんどん大きくなって、ミニ観葉として長く楽しめないからです。

自生している洋ランは木に着生しているものが多く、肥料をたくさん必要としないので、洋ラン栽培には適した用土であると考えます。

⑤用土の再利用ができる

ある程度の硬さがあるので、一度使用した用土は、捨ててもよい鍋などに入れて、5分程度煮沸殺菌すれば、すぐに再利用できます。あるいは、

鹿沼土は１カ月程度水に浸けておいたものを洗って再利用できる

水をためたバケツの中に1カ月程度浸けておいたものを、十分乾かしてから再利用することもできます。簡単に再利用ができる鹿沼土は、抜群の低コスト用土といえます。

⑥植え替えがかんたん

鹿沼土は粒子が粗いので、土が根に絡みつくことがありません。根鉢から土がぽろぽろと落ちるので、水ゴケなどと違い、植え替えがとてもかんたんです。ただし、急須などのように上部が下部よりも狭くなっている容器では、根がかなり張ってくると、鉢から苗を抜き取りにくくなります。容器を逆さにして、割りばしなどで中を突くと土がこぼれてきます。

「無理なく・かんたん」のポイント

水やりのしかた

「表面やや白」でOK

鉢土の表面がやや白くなってきたら、鉢底から受け皿にほんの少し水が流れ落ちてくるまで、鉢表面がまんべんなく濡れるようにかん水します。その後、受け皿にたまった水がなくなり、鉢表面の土がやや白くなってきたらかん水します。

後は、この繰り返しです。

ミニ観葉で受け皿を使わない場合は、鉢表面が濡れていればよしとします。

受け皿にたまった水は、深さが1～2㎝程度ならそのままでもかまいません。鹿沼土は、粒子間のすき間がほかの

タイミングは
鉢土の色で判断

表面は乾いても底のほうは湿っている

用土より大きいので、受け皿からの毛細管現象で受け皿の水が上がってきても、空隙が十分あり、湿害が起こりにくいと考えられます。

目安としては、受け皿に水がしみ出してくるぐらいまでにためるならば、素焼き鉢なら、夏で2～3日に1回といったところ。プラスチック鉢ならば6日から1週間に1回ぐらいでしょう。素焼き鉢は通気性がよいので、本来は素焼きのほうがいいのかもしれませんが、陶器やプラスチック製でも生育は問題なしです。水やりの回数、取り扱いやすさ（重さ）、価格、鉢の汚れにくさを考えると、プラスチック鉢がよいと思います。

左の写真は、一度飽水状態にしたコップを表面が乾くまで放置しておいたものですが、底に近くなると色は濃いまま、下のほうの内面には水滴がついています。容器の材質や深さ、土の量によっては表面が乾いても、鉢の中はそれなりの水分が保持されていると見ていいという証拠です。

水やりの間隔をどのぐらいにしたらいいのか、いろいろ試してみましょう。その目安がつけやすいのも鹿沼土のいいところだと思います。

冬でも水道水

水やりが気になるのはどちらかといえば冬でしょう。理想的には、日中暖かい時間帯に、少し温かい水をやります。ただし、仕事などの都合上など、朝晩寒い時間帯に、どうしてもかん水せざるをえない方は多いと思います。そのような場合には、湯沸かし器からのぬるま湯をかん水するとよいでしょう。

ただし私は、朝でも夜でも自分の都合のいいときに、用土の乾き具合をよく見て、水道水をそのままかん水しています。それでも、これまでは問題はありませんでした。

普通は寒い時期は、日中暖かいときにやるとか、もし寒いときならばぬるま湯を、などと書いてあったりもします。私はそこまでやらない、という考え方。そうでないと、夜遅く帰ってきて、水をやろうとしても、どうしても億劫になります。そこは極力手間をかけず誰でも取り組みやすい、ということでこの栽培法を考えています。

最高最低気温だけは測ろう

最低5℃が目安

だいたいの目安としては、室温で最低5℃以上を確保でき、最高は35℃ぐらいまでとなりましょうか。いずれにしても、使う部屋の最高と最低温度はきちんとわかっておきたいものです。それには最高最低温度計が必要です。

ただし、それで測れる温度は瞬間的なものなので、そこは注意をしてください。

一般的には、冬場は窓際に置いてはダメですよといわれます。特に夜間は部屋のまんなかに移すようにと。ダンボールで覆ったり、毛布を掛けたりといったことを勧められます。けれども、このやり方ならば、室温を最低5℃に保てれば大丈夫です。私もかつて0℃近くまで下がる住宅にいたことがありますが、それでも洋ランは受け皿に水をためていても枯れませんでした。

根が健全だから寒さに強い

コチョウランは高温性の植物だから、最低でも8～13℃、場合によっては18℃は確保しなさいと枯れてしまう、寒さに耐えられない、といわれます。

でも鹿沼土だとどうして寒さに耐えられるのでしょうか。私は根の健康が保たれるからではない

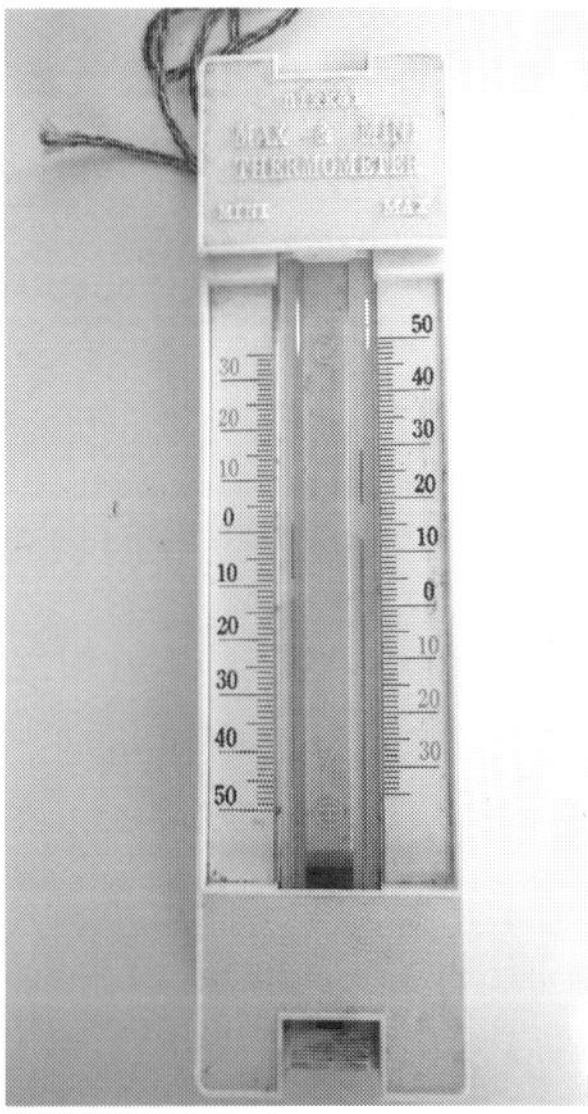

最高最低温度計

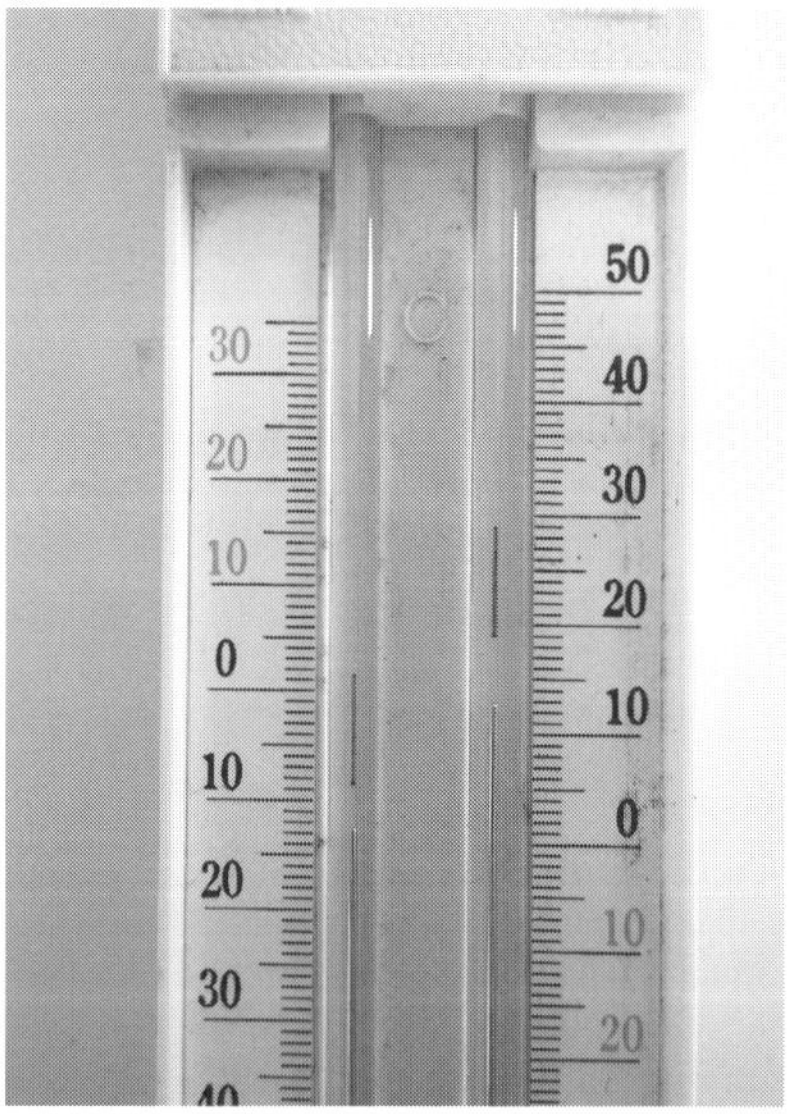

左側は最低温度、右側は最高温度を示す

かと考えています。寒さに弱くなるというのも、まずは根が弱ることに原因があります。過湿と低温が重なると根が弱ります。鹿沼土だけならば、水分があっても、空隙があるので、酸素がいつでも供給されます。そこが違うのだと思います。

　無加温でも、５℃以下になっても大丈夫。デンドロビウムなら外でも大丈夫なので、まず心配なしです。

　だいたい毎日窓際から部屋のまんなかへ移動させるのはたいへんです。そんなことをやっている人はまずいないでしょう。出張するような人は、洋ランはまず無理とあきらめることになってしまいます。高齢の方にとっても、それは無理というものです。

夏の暑さにご用心

　気をつけなくてはならないのは、冬より夏です。部屋を閉め切った状態で日が差すようだと、温度はぐんぐん上がります。日差しがきついのにカーテンを開けっ放しにしていると高温でやられてしまいます。

　しかし、鹿沼土だけなら湿害の心配がないので、根の健全性は維持されているはずなので、夏にも強いと思っていいでしょう。

　とはいえ、洋ランは暑さそのものに弱いので、室温が32℃を超えるときには、それなりに用心してください。私の家では、２階に多くの鉢を置いていますが、真夏でもエアコンなしで問題ありません。

遮光はカーテンだけで十分

　洋ランは、高温多湿の熱帯雨林が原生地です。洋ランだけでなく、一般的に植物を育てる場合には、その原生地にできるだけ近い環境条件で育てることが重要だといわれます。

　しかし、たとえばマニュアルには、夏は風通しのよい戸外で50〜70％の遮光をするなどと書かれていますが、そのような場所（庭やベランダ、木陰、温室など）がない家庭は多いのではないでしょうか。

　基本的には南向きの明るい部屋で育て、日差しが入る時期は確実にレースのカーテンで遮光することです。

　日光が差し込む9月上旬〜5月上旬までは、レースのカーテン1枚越しで育てています。曇雨天のときと、その他の期間は、カーテンは開けたままです。

　このように室内栽培することで、戸外での遮光資材や施設は必要とせず、台風などの強風時や長雨の際に鉢の移動をしないで済むようになります。

「無理なく・かんたん」のポイント

お楽しみは植え替え後から

洋ランもミニ観葉も、鹿沼土だけ栽培は植え替え後からお楽しみください。それまでは、プロの仕事ぶりを堪能してください。

その時期は、洋ランならば最初の花が終わって、最低気温が15℃以上になったところ。暖かい時期ならば花が終わった直後ということになります。

ミニ観葉も、植え替えの時期はだいたいそのような目安でいいでしょう。

78ページでは全国各地の最低気温のデータをあげていますので、参考にしてください。

ミニ観用のパキラ・アクティカ　撮影／中島 満

老後の趣味の５条件

我が家の庭の中心部は、藤（現在はノウゼンカズラ）棚を取り囲む円形のロータリー花壇になっています。ムード音楽を流して美しい花々を眺め、かわいい妻とレモン・ティーを飲みながら、これまでのことやこれからのことを談笑しつつ人生を送りたい、とときどき冗談風に話をすることがあります。すると聞いている人は思わず笑って、「いいですね。うらやましい」といってくれます。

私は家を新築するとき（平成５年）に、できるだけ庭を広く取ることにこだわり、そのために土地は単価の安い郊外に求め、２階建てにしました。というのも、やがて訪れる定年後の長い人生を、趣味の花づくりを主にして過ごそうと考えたからです。終わりよければすべてよし。過去にどんなにつらいことがあっても、晩年を健やかに、楽しく過ごせれば人生は幸せになれる、と思います。

老後の趣味としては、健康でボケないことが重要な要素です。この要素を考慮して、①毎日できる（楽しめる）、②体を動かす、③頭を使う、④感動を味わえる、⑤経費が安い、の５つの条件が備わっていればとても望ましい、といえます。

ご近所と園芸でお付き合い

花づくりのもうひとつのよさは、自分の楽しみで育てた花を、隣近所の人や訪問客にも見て楽しんでもらえることです。「きれいな花が咲きましたね」とか「今度はどんな花を植えられますか」などとご近所の方々からときどき声をかけられますが、花をきっかけにしてご近所との日常会話や交流がスムーズにいくのはとてもよいことだ、と思っています。

ただし、他人に見せるために花づくりをするのはやめたほうがよいと考えます。自分が好きな花を自分が好きなように育て、他人がどう思おうと自分がきれい、楽しいと考える花づくりをすることが長続きするポイントです。他人に見せるための花づくりをしていると、疲れてしまいます。

洋ラン
栽培の実際

1 いつどこで買うか

初心者の場合には、水やりで失敗することが多いので低温時期の購入は避けたほうが無難です。室内の最低温度が15℃以上あれば大丈夫でしょう。3月下旬から4月は温度が上昇し、販売量も多いので、初心者にとっては購入にはよい時期です。

次年度の開花を早めたい場合には、新芽の発生、株の充実、葉の枚数確保を考えて、暖かくなりしだいできるだけ早い時期に購入します。

秋に購入する場合には、室内の最低温度が15℃未満になる1カ月前までには購入を済ませたいところです。

ここでは、最初の花が終わるまでは買って来た状態での栽培で、「鹿沼土だけ栽培」は花が終わった後の植え替え後ということになるので、そのことを念頭においてください。

植え替え後、根が勢いづくのには1カ月程度はみておいてください。植え替えのタイミングは、室内の最低温度が15℃以上になってからで、なおかつその後1カ月はそれが維持されることが条件です。

洋ランの場合は、花の色や大きさを見て決めることが多いので、好みのものがないか園芸店にちょくちょく足を運んで、お店の人にもいろいろと相談しながら選ぶといいでしょう。

花以外では、葉の枚数が多く、いきいきとして厚みがありコンパクト（徒長していない）で、病害虫がない株を購入します。

オンシジウムなどバルブがあるものは、特に新しいバルブが大きくてしわがないこと、バルブの数が多いこと（最低3つ以上）、株がぐらぐらしていないことが重要です。

2 育てやすい品目

品目を選定するときに重要な点は、鉢を置く場所（部屋）の環境条件、特に最低温度と照度（明るさ）です。冬期の最低夜温は、高いほうが望ましいのですが、無加温でも、これまでの栽培経験から最低夜温が6℃以上あれば、コチョウラン、ミニカトレア、デンファレ、デンドロビウム、オンシジウム、エピデンドラム、セロジネなどは、室内で育てやすい洋ランだといえます。

照度は、直射日光が白いレースの

カーテン越しに差し込むような窓辺の明るさが望ましいと考えます。残念ながら、光量が少ない場所では、どの品目が、どの程度生育、開花が可能なのか確認できていません。おそらくコチョウランが照度不足への適応力が最も高いと思われます。今後、できるだけ多くの人が洋ラン栽培を楽しめるよう、照度が少ない場所での栽培実験をする必要があります。なお、開花中はある程度の明るさがあれば、居間や玄関に飾っても支障はありません。

部屋が狭い場合や室内で棚栽培する場合には、場所をとらない小型の品種が適しています。

シンビジウムは、小型の品種もありますが、日照を好むので、ほかの品目と同じ場所でカーテン越しに育てることはできないと思われます。

パフィオペディルムは、3年間4鉢(4品種)を育ててきましたが、開花させることはできませんでした。残念ながら、2鉢は3年目に枯れてしまいました。

低温時期は室内で栽培しなければなりませんが、日照を好むシンビジウムや大輪のカトレアも、高温で日差しが強い夏に午前中だけ日が当たる場所があれば、特に栽培が難しい品目ではありません。午後も日が当たる場所では寒冷紗で遮光する必要があります。

春~秋にかけては、デンドロビウムもシンビジウムと同じ条件で戸外での栽培が可能です。ただし、台風が襲来するときには、室内に搬入する場所が必要です。

3 植え替え前の管理

植え替えに適した時期であれば、花が終わりしだい植え替えます。低温時期に購入したのであれば、植え替え適期まで待ちます。

その間、用土の種類(主に水ゴケやバーク)によって、水やりの判断が異なってくるので注意が必要です。

バークの場合は、見た目では用土の乾き具合がわかりにくいので、水やり直後から毎日鉢を持ち上げてその重さを体感しておきます。鉢を持ち上げて軽くなったらかん水します。

水ゴケの場合は、低温時期は表面が乾いているようでも、鉢の下部は湿っている場合があります。そのような状況で、水やりを続けると、根腐れを引き起こしてしまいます。指先の感触で水ゴケの湿り具合を調べることもできますが、バーク同様、鉢の重さで水やりの判断をするのが無難です。

寄せ植えの状況

ちなみに、水ゴケの場合は、プラスチック容器については、1～2月の低温期は、一度水をたっぷりやったら、置かれている環境条件などにもよりますが、暖房をしていなければ、その後1カ月程度は水をやらなくても大丈夫です。

通常、購入した大鉢のコチョウランは、1鉢の中に小さなポリポットに植えた株を数株寄せ植えしてあります（35ページ写真）。

表面の水ゴケを取り除いて、株の数を確認し、それぞれの株に確実に水をあげるようにします。

4 鉢上げのしかた

準備するもの

①バケツ（苗の落とした用土を入れるバケツ）②微塵をふるった中粒の鹿沼土 ③用土入れ ④株の大きさに見合った鉢 ⑤鉢の受け皿

鉢選び

鉢選びでは、植物の生育開花に支障がないこと、かん水間隔ができるだけ長いこと、汚れが目立たないことが重要です。

素焼き鉢は、乾くのが早く、かん水の回数が増えます。また、長く使用していると藻が生えてきて外観が見苦しくなります。根のためには、理想的には通気性のよい素焼き鉢が望ましいのでしょうが、排水のよい鹿沼土を使用すれば、プラスチック鉢や陶器鉢でも生育や開花に支障はありませんでした。

鉢の大きさですが、植物体の大きさに比して、鉢が大きすぎると、栄養成長が盛んになり、花芽がつきにくいといわれます。また、コチョウランなどの着生ランについては、根は木の表面を這い空気に触れている部分が多いので、底の浅い鉢が適しているといわれています。

ところが販売用の鉢は、小さなポリ鉢で開花させた株を、見栄えをよくするために、出荷時

鉢の例　深鉢の直径 12㎝×高さ 18㎝。通常の鉢直径 12㎝×高さ 11㎝

に植え込んだ深鉢が多いのが実情です。また、2～3株寄せ植えされた大鉢もよく見かけます。このような鉢は見た目も立派で、再利用しないとなるともったいないので、再度同じ株を鹿沼土を用土にして植え替えてみたら、開花しました。必ずしも底の浅い鉢でなくてもよいと思われます。

ただし、大鉢は場所を取り、重くて取り扱いにくいので、その点は注意してください。自宅では、株の大きさに見合ったものであれば深鉢も使用しています。ちなみに、シンビジウムなどの地生ランの場合は、地中に根を下ろしているので、底の深い鉢が使われています。

用土

鹿沼土の中粒（6～12㎜程度）を使用します。

洋ランの用土として最も重要な点は、水はけ、通気がよいことです。着生ランは根が太く、特に通気がよいことを好みます。ですから、鹿沼土も小さな粒子や微塵は取り除かれていることが重要です。

鹿沼土は粒径によって、大粒、中粒、小粒、細粒（あるいは微粒）に区分されています。各粒の粒径は、販売会社によって若干異なるようです。

排水をよくするために、大粒を半分混ぜたり、排水をさらによくするため大粒を鉢底に少し敷いたりしてもよいでしょう。大粒は通気性はよいのですが、大粒だけだと乾きやすく、かん水回数が増えると思われます。費用、保管場所、省力化を考えると中粒だけでよいでしょう。

なお、袋には中粒の表記がされていても、小粒や微塵がかなり混入しているものもあるので、必ずふるいを通しておきます。

また、上質とだけ表記され、粒の大きさが表記されていないものが多くあります。

鉢上げの時期

開花が終わり、最低温度が15℃以上になったら、速やかに植え替えます。大鉢は鉢ごと寄せ植えされている場合が多いので、そのままでは水やりや施肥がしにくく、枯らしてしまうことがあります。

78ページに全国各地の各月半旬平均での日最低気温の分布を示しましたが、これは気象庁の観測地点のもので、もちろん野外です。

これを参考に、室内の最低温度をチェックしながら、時期を判断してください。

用土の除去

購入した苗を鉢から抜きます。

用土がバークの場合は、取り除くのは割合容易です。水ゴケの場合には、特に乾燥し、根がしっかりと絡んでいると、かんたんには取り除けません。

そのようなときには、水に濡らしてやわらかくし、スチール製の細い支柱やピンセットなどを使って掻き出すと、取り除きやすくなります。

枯れた根の除去

多少根が傷ついたり、千切れたりしても差し支えありません。根が多くて鉢に納まらないようであれば、短く切ってもかまいません。

最後に、細かいコケなどが根にくっついている場合には、水で洗い流します。

水ゴケを取り除いているところ

鉢から抜いたところ

鉢上げ

株の大きさとバランスのとれた鉢に、根を乾かさないように鉢上げします。

鉢が大きすぎる、深すぎると花芽がつきにくいといわれています。株が栄養成長に傾斜して、花を咲かせることがおろそかになってしまうというのがその理由だそうですが、肥料が適量であれば、大鉢でも咲きます。

鉢を替えると、古い鉢の置き場所も確保しなくてはなりません。だから大きな鉢でも、あるものを使うという考え方であれば、鹿沼土だけの栽培ならばそれもいいでしょう。

鉢底の穴が大きい場合にはネットを敷きます。ただし、この網目が小さすぎると、排水対策に大粒を入れておいても、長い間には微塵が網目をふさいで、排水が悪くなり、根腐れの原因になります。鹿沼土はやわらかいので、微塵をふるっていてもこのことは必ず守ってください。

苗は鉢の中央に倒れないように配置します。なお、コチョウランは1鉢に1株とします。鉢が大きければ2株植えてもよいですが、次に植え替えると

鉢上げの実際

1 ポットに入った株を左の四角い鉢に植え替える

2 ポットから株を引き出す

3 水ゴケを外す

4 鉢に入れる

5 鹿沼土を入れて軽く押さえる

6 水をたっぷりやる。まずは飽水状態にする

植える深さ

きに根が絡んではずしにくくなります。

豪華さを出したければ、小さなポリ鉢に1株ずつ植えて、花が咲き始めたら、大きな鉢に寄せ植えするとよいでしょう。

鹿沼土は、上から8分目程度のところまで入れます。葉の基部が埋まらないようにしますが、根の一部は表面にはみ出してもかまいません。

専用のプラスチック製の用土入れ（63ページ写真）を使うととても便利です。なお、最後に支柱で用土を突いてすき間がないようにしますが、洋ランの場合は少々のすき間は問題ありません。

鉢上げ時の水やり

用土を入れ終わったら、鉢底から出る水に微塵による黄色い汚れが目立たなくなるまでたっぷり水をやります。

受け皿は小さすぎると、水があふれてしまいます。受け皿は大きめのほうが作業がしやすいでしょう。長期間家を空けるときなどに、たくさん水がためておけるよう、大きめの受け皿にしておくと安心です。

栽培管理 5

水やりのタイミングと量の目安

鉢土の表面がやや白くなってきたら、鉢底から受け皿にほんの少し水が流れ落ちてくるまで、鉢表面がまんべんなく濡れるようにかん水します。

その後、受け皿にたまった水がなくなり、鉢表面の土がやや白くなってきたらかん水します。後は、この繰り返しです。

受け皿にたまった水は、用土が鹿沼土の場合には、深さが1～2㎝程度ならそのままでもかまいません。鹿沼土は、粒子間のすき間が他の用土より大きいので、受け皿からの毛細管現象で受け皿の水が上がってきても、空隙が十分あり、湿害が起こりにくいと考えられます。

理想的には、冬期は日中暖かい時間帯に、少し温かい水をかん水します。ただし、仕事などの都合上、朝晩寒い時間帯に、どうしてもかん水せざるをえない方も多いと思います。そのような場合には、理想的には湯沸かし器か

洋ランを置いたラックの例

らのぬるま湯をかん水するとよいでしょう。

ただし私は、朝でも夜でも自分の都合のよいときに、用土の乾き具合をよく見て、水道水をそのままかん水しています。それでも、これまでは問題はありませんでした。

遮光

自宅では、鉢は2階の南向きの部屋の窓際にある、4段のステンレス製棚（奥行き45×幅90×高さ155㎝、キャスター付き）に周年置いています。光を好むデンドロビウム、デンファレ、オンシジウム、エピデンドラムはできるだけ窓側に置きます。開花時は、1階のリビングに飾ります。

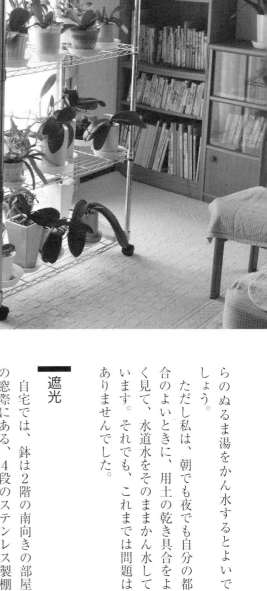

日光が差し込む9月上旬〜5月上旬まては、レースのカーテン1枚越しで育てています。それ以外の期間と曇雨天のときは、カーテンは開けたままです。ただし、室内栽培では光が差し込む方向に茎やステムが曲がるので、ときどき鉢を回転させる必要があります。

なお、午前中だけ日が当たる玄関先、庭、ベランダがある家庭では、オンシジウム、大輪咲きカトレア、デンドロビウム、シンビジウムは、冬以外はそのような日が当たる場所で育ててもかまいません。夏に午後から日が当たるような場所では、遮光が必要です。

よくある失敗は、強光線による葉焼けです。デンドロビウムのような強光線に強い洋ランでも、長い間光線の弱い室内で育てていたものを、急に室外に出すと葉焼けを起こしてしまいます。そのような場合には、朝夕や曇天の日に徐々にならしていく必要があります。戸外で育てる場合には、遮光率は正しく守って栽培します。

室内では、光線不足に注意します。光線不足では、生育が不良になり、花芽がつかなかったり、ついても花数が少なかったり、蕾が途中で落ちてしまったりすることがあります。

温度管理

開花は遅れますが、室温が最低5℃以上あればコチョウラン、デンファレ、デンドロビウム、オンシジウム、パフィオペディルム、カトレア、シンビジウムなどは冬越しできるといわれています。低温での冬越しは、根腐れ対策をしっかりすることがポイントです。

室温が最低5℃以上確保できない場合には、冬越しが困難になります。ただし、5℃以下の温度であっても、植物体が凍りつくような温度でない限り、その時間が短時間で終わる場合には影響がないこともあります。最低温度が、長期にわたって1〜5℃になる部屋にひと冬置いてみましたが、用土が鹿沼土のように排水がよく、根腐れをしていない健全な株であれば、コチョウランやカトレアも、株が枯れずに冬越しできることがわかりました。

最近の住宅は、気密性が高くなっているので、冬でも最低温度が6〜8℃程度（自宅では夜間10〜11時まで20〜22℃、暖房を入れた場合には早朝でも12〜14℃。無加温の場合は6〜13℃）は確保できると思われます。

ですから、ほとんどの洋ランは、一般家庭でも温室の設置や特別な暖房をしなくても冬越しが可能であると考えます。最低温度が6〜8℃程度確保できれば、コチョウランも開花はかなり遅れますが、5〜8月には咲かせられます。

エアコンなどの温風を直接当てない、また暖房機のそばに鉢を置かないようにします。温度や湿度などが急激に変わると、特に蕾は環境の変化に耐えられなくて落ちてしまうことがあるので注意が必要です。

室内で洋ランを育てる場合、夏は最高温度、冬は最低温度がどのくらいになるか知っておくことがとても大事です。そのためには、最低最高温度計を設置しておきます。

私が洋ランを育てている自宅の室内は無加温、無冷房で、冬は最低温度が6〜13℃（平成28年1月24日に大雪が降ったときには2〜3℃になりました）、夏は最高温度が33〜37℃になります。植物の生育上や、病害虫の発生防止のためには、風通しのよいことが必要です。寒いときは、窓は閉めっぱなしでよいのですが、室内温度が15℃以上の場合は、窓を開放しました。

留守の場合は、1階の窓は閉めておかざるを得ませんが、室内はできるだけ明るくし、各部屋の入り口のドアは開放しておきました。また、格子窓やアルミサッシ窓の上部にある小さな換気口は開けて、できるだけ室内に空気の流れがあるようにしました。

2階については、晴天の場合は、窓は開放し、雨が降る恐れがある場合に

サッシの換気口

は、雨が降り込まない程度（網戸の外枠の分：2㎝程度）だけ開けて外出しました。平成25年の夏は、通常は最高温度が33～35℃で、2日は37℃近くまで上がりました。

なお、窓際は、冬期温度が下がるということで、夜間は暖かい場所に鉢を移動したり、部屋の中央に置いてビニールやダンボール箱をかぶせたりする方法も勧められています。しかし、鉢数が多くなったり、留守をしたりする場合には、そのようなことはできなくなります。そこで、室内での移動は全くしませんでした。

肥料やりのコツ

通常の栽培方法では、5～9月頃（デンドロビウムは7月まで）にかけて2週間に1回程度液肥をやりますが、省力化のために、緩効性肥料のＩＢ化成や、マグァンプＫ（施肥量が多いと、草姿が乱れやすいパフィオペディルムのみ）しか使用していません。基本的には、施肥は年2回です。

ベテランになれば、葉の色やバルブの大きさ、花の数を毎年よく観察しておき、生育状況が悪ければ速効性の液肥を使用してもよいでしょう。肥料は水に溶けないと効かないので、かん水するときには、できるだけ肥料に水がかかるようにします。

なお、10月以降の低温期や開花中については、肥料は施しません。ただし、本書のような家庭での無加温栽培で、開花が温度が高くなる4月以降になる場合には、施肥の必要があると思われます。このことについては、目下検討中です。

コチョウランをはじめとする着生ランは、樹に張り巡らせた根で、樹上から樹皮を伝わって流れて落ちてくる雨に含まれたわずかな肥料分を吸収して成長しています。このように着生ランは、本来は肥料を多く必要としていません。

ただし、立派な花を咲かせるためには、肥料が少なすぎると、花数が少なくなったり、バルブなど株が花芽をつけるだけの大きさに生育できなくなったりします。

逆に肥料が多すぎる、あるいは施肥の時期が遅くなると、花芽をつける時期になっても、肥料が効きすぎ、葉やバルブが大きくなるばかりで、いっこうに花芽がつかないということになりかねません。施肥量があまりにも多すぎると、根の濃度障害を起こして株が枯れてしまいます。施肥量を増やす場合には、前年度の鉢や植物体の大きさ、葉色、葉の長さや垂れ具合などを考慮しながら、少しずつ増やします。

園芸店で販売されている洋ランを観察すると、オンシジウム、デンファレ、シンビジウム、セロジネは葉色が濃いものが多く、他のものより施肥量を多くしてもよいのではないか、と思われます。パフィオペディルムは、施肥量を少なくしないと葉が伸びすぎて全体のバランス（草姿）がくずれてしまいます。

病害虫対策

◆病気

対策の第一は、なんといっても、病害虫の発生がない健全な株を購入することです。

室内で鹿沼土だけの栽培をこれまで4年間行なってきましたが、病気の発生はありませんでした。黒斑病や炭そ病にかかっていた購入株も、病気の伸展が止まり、新しい葉やバルブへの伝染はありませんでした。

鹿沼土は排水がよく、根をはじめ株の生育が健全になり、また室内は雨の影響がなく、湿度が戸外よりも低いので、病気が発生しにくいと考えられます。

ただし、株元から黒くどろっと腐る軟腐病は購入した株が保菌していれば、室内でも発生する可能性はあります。いったん発生すると、回復することは困難です。こうなったら株は破棄するしかありません。鉢は日光消毒をします。

梅雨時期をはじめ、長雨に当てると黒斑病、炭そ病、軟腐病などの病気にかかりやすくなるといわれています。

ただし、平成27年度には、梅雨時期に1カ月程度ほぼ毎日のように雨（記録的な降水量だったとのこと）が降りましたが、戸外に置いてあったオンシジウム（品種アロハイワナガ2鉢）、大輪咲きカトレア（2鉢）、デンドロビウム（2鉢）については、驚いたことに全く病気は発生しませんでした。

同様に、根腐れをさせると抵抗力が弱り、このような病気にかかりやすくなるので、適正な水やりに努めます。

◆害虫

室内での栽培では、害虫の発生も非常に少なくなります。オンシジウムの鉢を戸外で栽培しているときに、葉や花芽がナメクジの被害にあったことがありますが、室内ではナメクジの発生は当然のことながら全くなくなります。

これまで、アブラムシはエピデンドラムに一度だけ発生したことがありましたが、安全で省力的な粒剤の施用で速やかに（施用後4～5日程度で効果が見え始める）防除できました。

デンドロビウムには、カイガラムシが発生しましたが、ハブラシとつまようじで掻き落としました。これはおそらく購入株に付着していたものと思われます。カイガラムシは株全体をよく見て、1回ではなく、5日おき程度に根気強く何度も注意して防除しないと再発します。

ダニは、デンドロビウムに発生しました。文献によるとシンビジウムやデンドロビウムには、ほかのものよりも発生しやすいようなので、特に葉裏を注意して観察します。ダニはいったん発生すると、粒剤はなく乳剤などの薬剤に頼るしか防除方法がありません。

なお、購入時の株と、まわりの植物（観葉植物やその他の鉢花）にダニが発生していないか十分に気をつけます。

ただし、これまでの経験から、庭のいろいろな植物に囲まれたところに被害を受けた鉢をしばらく置いておくと、いつのまにかダニがいなくなってしまうことがよくあります。

室内より高い湿度、風通しのよさ、チリカブリダニなどの天敵、嗜好性の高い植物への移動などが影響しているものと思われます。

なお、クリバネアザミウマ（スリップスの一種）がデンドロビウムとデンファレに発生しました。同時に、近くにあったシンゴニウム、インドシャムランなどの観葉植物にも発生しました。どちらが先に被害を受けたのかわかりませんが、粒剤の使用で防除できました。

ただし、低温時期の発生でしたので、吸収が遅かったためでしょう、効果が現われるまで1カ月近くかかりました。

アブラムシ、カイガラムシ、ダニ、アザミウマ（スリップス）、ナメクジなどの害虫は、早期発見防除に努めます。

アブラムシによりウイルス病が発生した場合には、速やかに処分します。

葉水はかけない

洋ラン栽培では、原生地の環境を考え、葉水の必要性がよくいわれます。そのためには、室内で葉水をできる場所がなければなりません。洗面所か風呂場に鉢を移動すればできないこともありませんが、水滴が落ちなくなるまで、そこに置いておかなければなりません。

こうしたことから、鉢数が多くなると、部屋の中では難しいので、省力化も考え、葉水はかけていません。

ほこりが目立つようであれば、濡れティッシュで拭くか、戸外の日陰で、株全体をジョロで洗い流すとよいでしょう。

花摘み、古葉の除去

最後まで咲かせると、花に養分をとられ、新芽の発生や成長に影響が出るので、ある程度花が咲いたら、花茎を切り取り、後は切り花として楽しみましょう、といわれていますが、本書で取り上げている洋ランについては、それほど問題にしなくてもよい、と思われます。

コチョウランを最後の1輪まで、遅いものは8月中旬頃まで咲かせたことがありますが、翌年の開花に影響はありませんでした。

また9月21日に購入した株で、2つの花茎（小輪系：7輪と4輪）の先端の蕾が少し開き始めたばかりのものがありましたが、2つとも3日後に除去したところ、1月2日には新しい花茎が見えてきました。

ただし、コチョウランでは、花茎より上に十分に開いた葉が4枚程度以上ないと、花は期待できません。

古くなって枯れてきた葉は、無理やり除かずに、ぽろりと簡単に取れるようになってから除去します。

表土の入れ替え

鹿沼土は、肥料の影響などで鉢の表面が、条件によって異なりますが、時間の経過とともに藻で緑色になってきます。水の乾き具合がわかりにくくなった場合には、表面の用土を取り除き、新しいものを継ぎ足すとよいでしょう。

また、受け皿が藻や鹿沼土の微塵で汚れてきます。汚れがこびりつかないうちに早めに洗い落とします。

植え替え

植え替えずにそのままにしていると、しだいに鉢の中が老化した根や古いバルブでいっぱいになり、新しい根やバルブが伸びるスペースがなくなってきます。それどころか、排水、酸素

根が多数発生した状態

の供給、養水分の吸収がうまくいかず、ひいては生育不良、不開花、病気の発生、株枯れの原因になります。

植え替え、株分けの判断は、次を目安にしてください。

①根が用土の外で、茎から多数発生し鉢から長くはみ出している

②バルブの数が増え、鉢の中に新芽が育つスペースがない

③根が弱っているために、株がぐらついたり、枯れ葉が多かったり、葉がしおれてしわが寄ったりしている

最低温度が15℃以上になったら、一回り大きなサイズの鉢に植え替えるか、株分けします。低温時期の植え替えは、根腐れの原因になります。

コチョウランは、植え替えをしないで長く栽培を続けると、下葉が枯れ、腰高になってきて全体のバランスが悪くなってきます。根も老化して褐変しています。

その場合は、葉の出ていない茎の部分を短くして、葉が埋まらない程度の深さに植え直します。

株分けをする場合には、バックバルブも含めて3株程度に分け、あまり小さく分けすぎないようにします。バックバルブは、新しいバルブが生育する

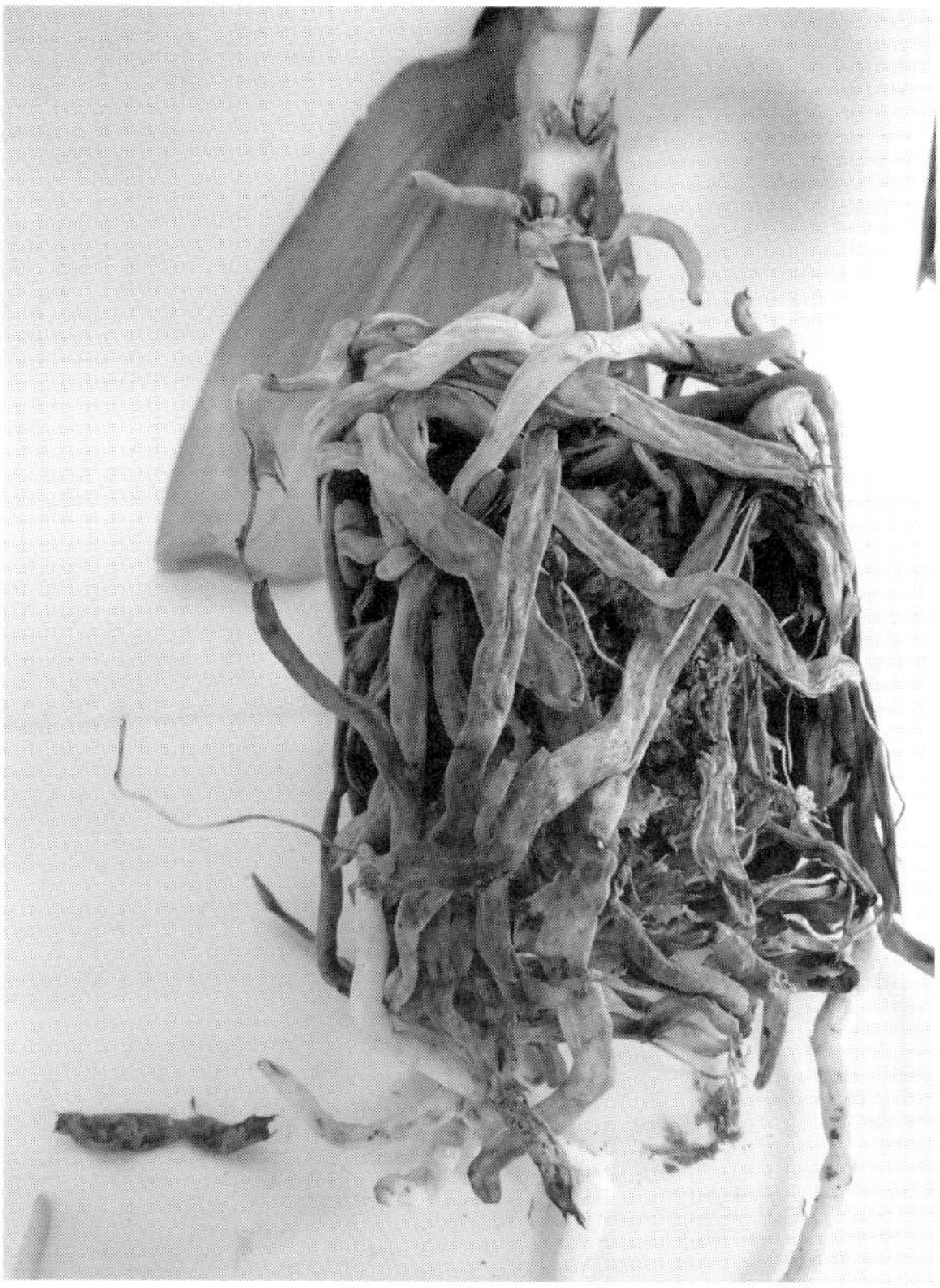

下葉が枯れ、根が老化・褐変した状態

茎が伸びて腰高になった株

伸びすぎた部分は切り取って、植え直す。右が切り取った部分

ための養水分の供給源として役立つので、枯れるまではつけておきます。

なお、小さく分けると、花芽をつけられる大きさに生育するのに時間がかかり、品目によっては1年で花を咲かせることが難しくなります。

種類別のポイント 6

コチョウラン

◆特性

コチョウランの原産地は、フィリピン、インドネシアなどの東南アジアで、高温多湿な熱帯雨林地域です。年平均気温が26℃、年間で最も温度が低い月の平均気温は18～19℃です。風通しのよい樹上に根を張り着生していて、根は常に空気にさらされていて、一時的な乾燥には十分耐えられます。

目安として、十分開いた葉数が4枚程度（左上写真では過去3本の花茎が発生した跡が見える。右側の最上部の上に葉が4枚ある）になると、花茎が1本、6～8枚程度では2本発生します。

十分に開いた葉が４枚程度になった状態

基部に２つの花茎が出ている

自然開花では、花茎は順調にいけば、11月末から12月上旬ころに見え始めます。生育が遅い株は、1～3月に花茎が見えてきます。出てきたばかりの根を花茎と見間違えることがありますが、根は少し伸び始めると白くなってきます。

この花芽を冬期に順調に咲かそうとすれば、18～20℃は保ちたいのですが、一般家庭ではそれは無理です。最低夜温が6～8℃程度確保できれば、開花はかなり遅れますが、4～5月には咲き始めます。生育が遅い株の開花始めは7月になります。花は2～3カ月程度とかなり長く楽しめます。

新葉は開花終了後11月下旬頃まで、毎年1～2枚出ます。開花中は、通常新しい葉は出てきませんが、7月上中旬になると開花中であっても新しい葉が出てくることがあります。

ごくまれに脇芽や高芽が発生することがありますが、株が増えることはほとんどありません。

◆施肥

植え替え1カ月後に肥料を施します。5月に植え替えた場合は6月に、

粒状肥料を手前と奥に２つ置いたところ

6月に植え替えた場合は7月に、緩効性肥料のＩＢ化成を追肥します。鉢の大きさに応じて1～3粒（4号鉢：直径12㎝には2粒）を鉢の表面に均等に分散して置きます。

2回目の追肥は、その2カ月後（6月植え替えは8月、7月植え替えは9月）に行ないます。ＩＢ化成の施用数は、基肥の半分とし、追肥は9月までに終わるようにします。

◆植え替え後2年目の施肥

6～7月に開花が終了したら、鉢と株の大きさに応じて、それぞれ1～3粒を鉢の表面に均等に分散して置きます。

◆支柱立て

花茎が伸び始めたころは固く折れやすいので、15～20㎝程度伸びたら、支柱を立てます。専用のテープで、最初は仮止めをします。徐々に株元からできるだけ直立させて、第1花の手前から緩やかにカーブさせていきます。最初に購入した株についていた支柱を、継続して利用すると便利です。

花茎は、光の当たる方向に伸びていくので、曲げたい方向に株の向きを変えると支柱立てがしやすくなります。

ミニカトレア

◆特性

花数は2～4輪。香りがよいのもカトレア栽培の楽しみのひとつです。室内では、小型のミニカトレアが狭い場所でもコンパクトに飾れ、大型種より最低温度も低めで管理できるのでお勧めです。

家庭で栽培するのには、秋咲きタイプが適しています。開花が終わる頃にはバルブの基部に、新芽が出てきます。春以降、この新芽が一段と伸びてバルブが成長し、秋に咲くので無加温で栽培できます。

夏咲き、冬咲き、春咲きは、冬期に花芽分化あるいは蕾の開花のために高い温度が必要なので、無加温では栽培できないとされています。

自宅には12～2月にかけて無加温（最低温度6～8℃）で咲くタイプの品種があります。これらは11～1月にかけて購入した開花株です。はっきりとしたことはわかりませんが、ミニカトレアでは、冬咲きタイプで比較的低温で咲く品種がある、と考えられます。

花茎が見え始める時期、開花までの日数、開花期間は品種や温度によって大きく変わります。8～9月に花茎が見え、おおむね30～85日後（自宅では花芽が8月4日に見えたものは、30日後に、9月3日に見えた品種は85日後）に開花します。温度が高い9月は、1輪の開花期間は15日程度です。1輪が開花中に、2輪目が開花し始め、2輪目の開花が終わるまで3週間程度は花が楽しめます。

11月中旬以降、温度が低下してくると、開花期間は25～60日程度と長くなります。品種が豊富なので、品種を組み合わせれば、9～2月まで花が楽しめます。

ちなみに、大輪カトレア1品種（2株）を同じように2年管理しましたが、花茎は発生しませんでした。そこで、春から秋まで戸外に置き、午前中日が当たる場所で育てたところ夏に花茎が発生しました。温度が低下してから無加温の部屋に移したところ、1月に開花しました。

デンドロビウム

◆特性

洋ランのなかでも、花芽をつけるのが難しい品目のひとつです。花芽ができるには、一定の低温期間が必要ですが、低温の温度と低温期間については、文献によってさまざまです。品種によって異なるのかもしれませんが、

①8℃前後の温度が2週間
②6～7℃の低温に20日前後
③6℃前後の温度が10日間程度
④10℃以下の低温に1カ月程度
⑤14℃の気温に20～25日程度

などと種々あります。

低温期間とあわせてとても重要なことは、低温にあてるまでに、バルブを充実させて、葉の色をいわゆる「アメ色」になるまで成熟させておくことです。そのためには、肥料は7月までとし、9月以降はかん水を徐々に控えていきます。日光に十分当てることも大切です。順調にいくと、9月中旬には葉はアメ色になり始めます。日照不足、肥料やかん水過多では、葉がいつまでも青々とし、バルブが成熟せず、花つきが悪くなります。

自宅では他の洋ランと同じ部屋で育てているので、日が差し込む9～5月は、白いレースのカーテンで遮光しています。しかし、花芽分化に必要な低温期間が過ぎるまでは、西日の当たらない東側の玄関の軒先あたりが、栽培に適した場所であると思われます。

品種「フジッコ」は、12月上旬に花茎が現われ、2月下旬～4月上旬まで40日程度花を楽しめました。

4月上旬から開花した品種（写真）もあり、品種を組み合わせれば、長期間デンドロビウムの花を楽しむことができます。

日本各地に自生するデンドロビウム属のセッコクは、寒さに強い系統です。園芸品種は、長生ランとも呼ばれています。自宅の部屋では、品種「桜小町」（茎がとても細く小型）を栽培しています。長生ランの開花期は、通常4～5月頃だと思われますが、自宅の「桜小町」は購入後2年続けて10月下旬から開花しています。原因はよくわかりません。

購入する場合は、花が十分開いた株

デンドロビウム
「フェアリーフレークカルメン」

を購入します。蕾の状態や、まだ花が十分開ききらないうちに温度の低い室内に移すと、花が小さくなったり、色がよくのらなかったりします。開花株は、できるだけ低温で管理すると開花期間が長くなります。開花期間中は、光は十分でなくても大丈夫です。

品種によって大きさにかなり差があるので、置き場所のスペースを考え、品種を選定します。

なお、以前の品種は開花したバルブの葉は落ちていましたが、近年では、葉が開花後も落ちない品種が育成されるようになってきました。

◆病害虫

自宅では、1品種にダニとカイガラムシが発生しました。ダニは、ほかの洋ランや観葉植物などに被害が拡大する可能性があります。発生が少なかったので、濡れティッシュで葉の表裏をていねいに何度か拭き取りましたが、なんとか防除できました。

ただし、通常はダニが発生すれば農薬散布を避けることは困難です。カイガラムシも、根気よく何日もていねいに見て、つまようじで捕殺し、退治することができました。

購入時に、ダニやカイガラムシの発生には十分に注意しますが、非常に小さくて見えにくいので、これらの害虫の見落としを完全になくすことはとても難しいといえます。

なお、ダニやカイガラムシの発生を抑制するためには、いろいろな植物に囲まれた風通しのよい戸外に置き、雨に打たせたほうがよい、と思われます。

自宅でも、午前中だけ日が当たる戸外でも栽培していますが、病気も含めて、ダニやカイガラムシの発生は見られません。

デンファレ

◆特性

デンドロビウムのファレノプシス系のものをデンファレといいます。花は小型ですが、コチョウランに似ているためデンファレの名前がついています。自宅室内での品種「花すみれ」は、7月下旬~9月上旬に花茎が見え始め、早ければ9月上旬頃から開花し始

デンファレ「花すみれ」

前年開花した株からも
花茎が伸びることがある

めます。開花期間は2カ月程度です。

前年開花した株からも、葉が1枚しか残っていなくても花茎が伸びて花が咲く場合があります。

葉数が6～8枚程度で花芽が現われ、草丈の短い品種が室内栽培には適しています。平成27年度は、9月に葉数が8枚の茎で、6輪の花が咲きました。デンドロビウム（ノビル系）よりも、花芽をつけるのは簡単で、肥料や温度管理などに特に注意する必要はありません。低温には、ノビル系ほど強くはありませんので、6℃以上は確保します。

◆高芽の処理

根腐れ、特に9月以降の肥料過多や日照不足で本来花芽になるはずのものが葉芽になったものが高芽で、基部から根が伸びてきます。

根がごく短いものは水ゴケに植えると活着がよくなります。

◆害虫

平成25年の12月上旬にクリバネアザミウマ（黒いスリップス、幼虫は透明）が一度だけ発生しました。葉にかすり状の白い斑点が生じます。発生が多いと、排泄物で黒い汚点がたくさんついて品質が低下します。

なお、クリバネアザミウマは、シンゴニウム、ドラセナ、インドシャムランなどの観葉植物でも被害が発生しました。オルトランなどの粒剤で防除することができます。デンドロビウムやコチョウランでも発生するとのことですが、購入時点で、被害がないか十分注意する必要があります。

オンシジウム

◆特性

種類が非常にたくさんあり、花（花茎の長さや花の大きさ）や草姿、開花時期などが異なります。全般的には、小さい花がたくさん散りばめられたように、枝分かれして咲くのが特徴です。

自宅では、次の品種を栽培しています。

オンシジウム「アロハイワナガ」

①アロハイワナガ

オンシジウムのなかで、最も一般的な品種です。花茎長は、50～60cm程度です。花色は黄色が主ですが、オレンジ色もあります。7月中旬～11月下旬にかけて花茎が発生しました。9月上旬～10月下旬に見え始めた花茎は、11月下旬に開花しました。7月中旬に発生した花茎は、2月下旬～4月上旬に開花しました。

ただし、8月上旬に発生した花茎は2cm程度伸びましたが、高温あるいは水分不足などが影響したのか枯れてしまいました。

オンシジウム「トゥインクル」

バルブが縦長で、光が差す方向にバルブが曲がってしまいます。定期的に鉢を回転させる必要があります。

②トゥインクル

小型の品種で、花茎は短いですが、たくさんの花が咲きます。花色は淡いピンク、淡いオレンジ、白、淡い黄色があります。

香りがとてもよい品種です。

9月上旬に発生した花茎は、1月下旬〜3月上旬に開花しました。

オンシジウム「オブリザタム」

③オブリザタム

黒っぽいバルブが特徴です。長い花茎に、枝分かれして淡い黄色の小さな花がたくさん咲きます。

9月中旬に発生したステムは、2月中旬〜3月下旬に開花しました。

④シャーリーベイビー

花弁（ペタル）は茶色で、リップは白く、香りがよい品種です。

花茎の途中が折れ曲がって、一部が葉から出られないまま少しも蕾が現われなかったり、花茎が真っ直ぐ伸びても、蕾の一部がふくらまずに咲かなかったりすることが多い状況でした。

6月上旬〜7月上旬にステムが発生し、11月中旬〜12月中旬に開花します。

⑤ラバーバースト

オンシジウムほか3属の交配種です。花色は赤茶色で、花茎は短く、年によって、3〜4本のステムが発生します。

発生時期もかなり異なり、8月上旬

に発生した花茎は、9月中旬～10月上旬まで開花しました。1月中旬に発生した花茎は、3月下旬～4月下旬頃まで開花しました。

⑥イオノシジウム「はるり」

イオノプシスとオンシジウムの交配種です。花色が淡黄からピンクへ変化するのが特徴です。

9月下旬に花茎が3本発生し、2本については10月下旬～11月下旬頃まで開花し、残りの1本は11～12月下旬頃まで開花しました。約2カ月は花が楽しめます。

ラバーバースト

エピデンドラム

◆特性

種類はたくさんありますが、鉢花として最も出回っているのはラディカンス系（長茎種）です。花色も豊富です。

着生ランで、バルブはなく、細い茎が伸びて、先端に半円球状の小さな花をたくさんつけます。カトレアの近縁種ということですが、形状は全く似ていません。

1月下旬から順次花茎が見え始め、3月下旬から咲き始めます。ひとつの花茎の開花期間は2カ月程度です。1株のなかで茎長が短いものは、花茎の発生が遅れ、7月になっても開花しています。

3月下旬に花茎の先端に蕾が見え始めてから、急に蕾が枯れてしまった年がありました。

原因はよくわかりませんが、水分不足や急激な昼夜の温度変化（3月であっても、部屋が6畳と狭いので窓を閉め切っていると、日中30℃を超える日がある）などが影響したのではないかと思われます。

エピデンドラム

◆高芽の処理

高芽がよく発生します。根腐れが原因の場合もありますが、原因が特にはっきりとしない場合があります。根がごく短いものは水ゴケに植えると活着がよくなります。

室内では、茎長が伸びやすいので、高芽を育てて茎長を短くします。

セロジネ

◆特性

着生ランです。ここでは、花茎が垂れて咲き、最低気温が5℃程度でも冬越しできる品種「インターメディア」について紹介します。

セロジネ「インターメディア」

ここで紹介した他の洋ランよりも弱い光、水分を好みます。高温は苦手です。特に夏は、風通しをよくし、室内の温度をできるだけ下げ、水切れがないように注意します。レースのカーテン越しに管理し、直射日光を避けます。

5月頃から新芽が伸び始め、9月中旬頃からバルブの肥大が目立ってきます。

10月下旬~11月に花茎が発生し、3月上旬~4月上旬頃に咲きます。バルブひとつに、ひとつの花茎が発生し、6~8輪の花が咲きます。1輪が落花すると、数日ですべての花が落ちてしまいます。自宅では、4号鉢で3本の花茎に花が咲きました。

おそらく高温、水分不足で新しいバルブの葉が落ちてしまったことがありますが、バルブがある程度肥大していれば、花を咲かせることができます。

◆施肥

肥料は、花が終わってから、あるいは植え替え1カ月後から9月までに、ＩＢ化成を2回施します。施肥量は、コチョウランに準じます。

パフィオペディルム

平成24年12月（1株：黄系）、平成25年1月（2株：赤系と斑入り葉）、平成25年7月（1株：斑入り葉）に、開花株を計4株購入しました。

残念ながら、平成27年9月末現在でまだ1株も開花していません。さらに斑入り葉種は2株とも平成27年9月に軟腐病で枯れてしまいました。

しかし、これから栽培を検討される方の参考になると考え、あえて記載することにしました。

◆花芽分化の条件

パフィオペディルム自体は、園芸店でよく販売されており、単価もそう高くない品種もあるので、当初は咲かせるのは簡単だと思っていましたが、とても難しいことだとわかりました。

花芽分化するためには、展開葉（よく開いた葉）が5~8枚以上必要であるとされています。赤系品種と黄系品種は、平成27年9月末現在で展開葉が5枚（赤系品種は7枚でしたが、2枚は枯れました）なので、葉数を考えると、まもなく花芽が見える可能性があ

パフィオペディルム（購入時の株）

ります。

ただし、購入時の開花株の葉が、２～３枚（写真）ときわめて少ないものも結構あります。一定の低温に、一定期間あわせると花芽分化できるともいわれているので、葉数が少なくて開花している株は、低温処理がされているのでは、と思われます。

ちなみに、埼玉洋蘭会の資料では、『９～10月に10～15℃の低温に、40～50日あわせて花芽分化処理をすると12月上旬に花芽が見えてくる』との記載があります。そのほかにもインターネットで『５～７℃の温度に、４～５週間あわせる』などの情報もありますが、低温処理の温度、期間に差があるようです。自宅では、無加温であり、10月以降には10～15℃の低温には自然とあっているので、これまで開花しなかったのは、十分な生育（葉数）がなかったからだと思われます。

なお、パフィオペディルムには冬咲き、春咲き、夏咲きのタイプがあるので、それぞれのタイプごとに花芽分化の条件は異なると考えられます。

◆特性

シンビジウム同様、地生ランです。ほかのランと異なり、根に根毛が生えており、バルブはなく、用土の乾燥には弱いランです。強光にも弱く、日焼けを起こしやすく、明るい日陰を好みます。低温には強く、冬越しの最低温度は５℃です。ただし、花芽発達のためには７℃以上、できれば10℃以上が望ましい品目です。斑入り種は、低温にやや弱くなります。高温期は、ほかの洋ラン同様、風通しをよくします。

平成27年度は、９月頃までに葉数が５枚は確保されているので、いよいよ12月以降に蕾が見えるかもしれません。

ほかの洋ランと異なり生育が旺盛な株は、この頃に新芽が出てきますが、低温期を迎えるので成長は止まります。春になると、この新芽が成長します。冬の温度が低いと、新芽の発生が遅れ、花が咲かなくなります。葉は、２年目にはほとんどのものは枯れてしまいます。

◆施肥

肥料は、ほかの洋ランよりも少なくします。肥料が多いと、葉が大きく伸びて垂れ、全体（葉と花）のバランスが乱れてしまいます。花が終了し、最低温度が15℃を超えるようになったら、ＩＢ化成（Ｎ10：Ｐ10：Ｋ10）よりチッソとカリ成分の少ない、マグァンプＫ（Ｎ６：Ｐ40：Ｋ６：Mg15）を３号鉢（直径９㎝）で0.5～１ｇ程度施します。

◆株分け

４月半ば以降、５月上旬までには済ませます。作業後は、根を乾かさないようにすぐに水やりをします。

生育が緩慢なので、株分けが遅れると、株が充実せず今年度の花芽ができなくなる恐れがあります。

眺めて、観察、こつこつ改良

「好きなことを毎日やれる」それはすばらしいことです。私の朝晩の楽しみは、庭に出て花や木の成長を眺めることです。ガーデニングには、種をまき、苗を育て、やがて色とりどりの花が咲くのを想像しながら待つ楽しみがあります。

花が咲いたときだけでなく、苗が育つ過程を日々観察すること自体が楽しみなのです。観察によって、今まで気づかなかった新しい事実を発見したときはとてもうれしいものです。観察した結果をパソコンに記録し、データが少しずつ増えてきているのもちょっとした楽しみです。

また、花づくりはもちろんですが、どこにもない、自分がデザインした庭を「こつこつと手づくりで」仕上げていくことほどおもしろいことはありません。一挙に完成させるのではなく、庭を眺めながら少しずつアイディアを出し、改良を重ね徐々につくりあげていくその過程が何よりも楽しいのです。

知るは楽しみなり

花の種類はたくさんあって、自分が育てたことのない品種や品目を新たに栽培する楽しみがあります。毎年、種まきの時期である秋と春には、1枚のキャンバスに絵を描くときのように、今度はどんな花を、どんな色で彩ろうかとあれこれと思いを巡らすと、自然に楽しくなってきます。

庭の植栽計画を練るにあたって、本や雑誌を読んだり、通りすがりの公園や道路沿いの花壇、住宅の庭をかいま見たりするなど情報収集する楽しみも出てきます。

NHKの名アナウンサーであった鈴木健二氏が、番組「クイズおもしろゼミナール」の冒頭で、毎回「知るは楽しみなり」と話されていましたが、まさにそのとおりだ、と思います。

ミニ観葉栽培の実際

❶ いつどこで買うか

植え替えに適した時期に、葉がいきいきとして、病害虫がない、コンパクトな（徒長していない）株を購入します。

品目によって若干異なりますが、最低夜温が15℃以上の時期であればＯＫです。

ただし、植え替え後、根が勢いづくのに1カ月程度はかかると思われるので、秋には15℃以下になる1カ月前までには購入を済ませます。

というのは低温時の植え替えは、根傷みにより株枯れを起こす場合があるからです。ポリシャス、コーヒーノキ、フィットニアなど低温に弱い品目は特に注意が必要です。

購入する前に、使用する鉢（容器）を決めておき、それにあった品目と大きさの株を選びます。

購入は、百円ショップでもできますが、品目数と大きさが限られるので、専門の園芸店をのぞいてみるとよいでしょう。

なお、観葉植物をすでに栽培されている方は、挿し芽、株分けで得た苗の使用も可能です。

品目ごとに、季節ごとに栽培管理内容が異なることはありません。植え替え、施肥、水のやり方、温度管理はどの品目も同じです。どの品目も同じようにすれば栽培できるのが、この栽培方法の特徴でもあるわけです。

❷ 育てやすい品目

この栽培方法で、いろいろな品目を栽培してみた結果、多くの人にとって育てやすい品目は次の要件を満たしていることがわかりました。

①底穴のない容器に、一時的に水を満杯に注いでも湿害で根腐れを起こさない

②一般の家庭で、特に加温しなくても冬越しできる

なお、水挿し（水に浸けて挿し芽をすること）が容易にできる品目はこの栽培に適している、と思われます。

品目を選定するときに重要な点は、洋ランと同様に鉢を置く場所（部屋）の環境条件、特に最低温度と照度（明るさ）です。

どれぐらいの最低温度で、どのよう

ポトス

フィットニア

イレシネ

な品目が育てられるかは、後述のとおりです。

なお、フィットニアなど高温性だといわれている植物でも、最低温度が6～8℃で栽培できましたが、ほかにもこの温度で栽培可能な品目は意外にあるかもしれません。

明るさについては、北側のトイレのようなところでも、窓があり外の光が差し込めばほとんどの観葉植物にとっては問題がありません。ただし、光が不足すると、ポトスやアイビーなどの斑《ふ》（葉の白い部分）入り植物は、斑が徐々に消えて、葉全体が緑色に変わってくるものもあります。光合成量を増やすため、葉の中の緑色の色素である葉緑素が増えてくるからです。

ガーデンシクラメンやペンタスは、光が不足すると花数が少なくなってきます。できれば光がよく当たる窓辺、最低でもレースのカーテン越し程度の明るさがあるところで育てます。

イレシネやコリウスなどの草花も、光が十分当たらないと徒長（間伸びして草姿のバランスが悪くなる）してしまりのない草姿になります。

植え替えのコツ ③

入手後、植え替えまでは特別な管理は必要ありません。植え替え時のコツは、次のとおりです。

準備するもの

①バケツ2つ（苗の落とした用土を入れるバケツ、苗の根を洗うために水を入れたバケツ）②微塵をふるった中粒の鹿沼土　③用土入れ　④容器（鉢）

容器（鉢）の選定

容器と植物の組み合わせしだいで、全体の見栄え（観賞価値）がかなり違ってきます。同じ品目、大きさが同じ株を異なる容器で植えてみればよくわかります（71ページ写真参照）。

植物の色や大きさ、形状などが、容器とマッチしているかよく吟味します。

用土などの除去

購入した苗を鉢から抜きます。バケツの内壁に叩きつけたり、手で揉みほぐしてかんたんに落とせるようなら、根を傷めない程度に土を落とします。

次に、水をためたバケツなどに、この苗を浸け、残りの土をやさしく洗い落とします。できるだけ堆肥やバーク、枯れ葉などの有機物は取り除きます。未熟な有機物は、鉢の中で腐敗し

ベゴニアを鉢から抜いたところ

土を落とす

堆肥やバーク、枯れ葉などの有機物は取り除く

て根腐れの原因となります。

鉢上げ

苗の大きさとバランスのとれた鉢に、根を乾かさないように速やかに鉢上げします。苗は鉢の中央に倒れないように配置します。苗の高さは、はじめは苗をやや深めに入れ、用土を入れながら、少しずつ引き上げて調整します。鹿沼土は、上から8分目程度のところまで入れます。

専用のプラスチック製の用土入れを使うととても便利です。なお、鹿沼土は、微塵が多い場合は、あらかじめふるいにかけておきます。

便利な用土入れ

用土を入れたら表面まで水を入れる

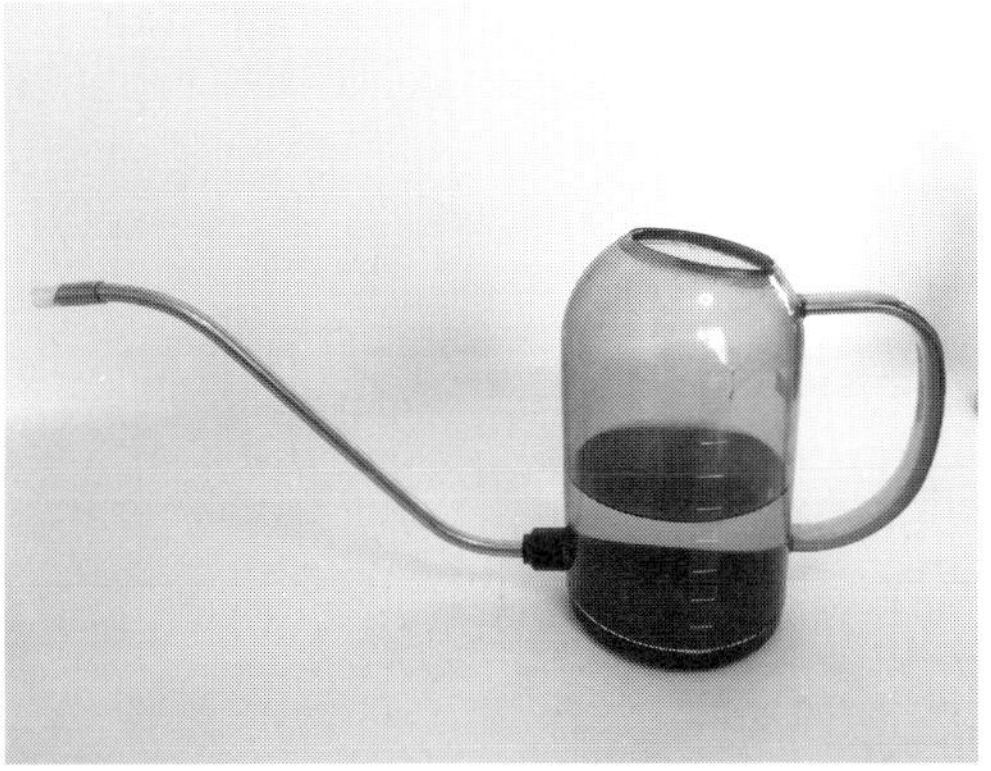

水やり用ジョロの例

用土をいっぱい入れると、水をやるときにこぼれる恐れがあります。また長く使用すると、鉢の上部の縁が水あかなどで汚れてきますが、拭き取りがしづらくなります。

水やり用のジョロは、写真のような注ぎ口の先端部分が細く、少し下に曲がって柄が長いものが便利です。水の量を調整しやすく、ピンポイントに水をやれます。

水やり

用土を入れ終わったら、用土の表面まで水を入れます。そのままでもよい植物もありますが、急激に環境が変わると、植物によってはその変化に対応できなくて根腐れを起こし、しおれたり、一部落葉したりする場合もあります。

そこで、鉢上げのときだけは、鉢の上部に手を添えて鉢を傾け、できるだけ水を抜きます。あらかじめ水に濡らして水分を切った鹿沼土を入れれば、水抜きの手間が省けるかもしれません。

鉢上げの実際

1 鉢から取り出した株

2 根土をよく洗い落とす

3 好みの容器に入れ、鹿沼土を加える

4 棒などで軽く突き込む

5 水をたっぷりと注ぐ

6 飽水状態にして余分な水を捨てる

4 水やりのタイミングと量の目安

　土がやや白く乾いてきたら（3ページ写真参照）、鉢土の表面まで水を満たします。73ページの「栽培が容易なもの」で示した植物は、短期間不在のときに一時的に鉢いっぱいに水を与えても枯れることはありません。水やりはこの繰り返しです。

　この方法では、水のやりすぎによる根腐れや、土を乾燥させすぎたために植物を枯らしてしまった、という失敗が防げます。

　ただし、ずっと水をためっぱなしにしたり、あるいは鹿沼土が白くなっても長く水をやらなかったりすると、過湿や水分不足で枯れてしまいます。

　この栽培方法で失敗しない秘訣は、毎日鉢土の乾き具合を見ることです。よくやる失敗は、水をやりすぎることより、毎日鉢を見なかったことで、鉢土を真っ白くなるぐらい過乾燥にしてしまい、根を枯らしてしまうことです。水やりの判断に迷ったら、迷わずに水をやっても大丈夫です。

　今後の課題ですが、ポトスやオリヅルランのように、水をためっぱなしにしてもよい品目がほかにもあると思われます。

5 遮光と温度管理

　直射日光が当たらない、レースのカーテンや障子戸越しの明るい日陰、トイレ、台所、玄関などの明るい場所に置きます。やや光が不足すると思われる場所でも、意外と問題なく育ってくれる場合があります。試しにしばらく置いてみて、生育状況を観察してみるとよいでしょう。

　よくある失敗は、強光線による葉焼けです。本来、観葉植物は室内装飾・観賞用として利用され、強光線に弱い品目が多いのが特徴です。ゴムノキやカポックなどのように戸外でも育つ品目もありますが、長い間室内で育てていたものを、急に室外に出すと、葉焼けを起こしてしまいます。

　最近の住宅は、気密性が高くなっているので、冬でも最低温度が6～8℃程度（自宅では夜間10～11時まで20～22℃で暖房を入れた場合には、早朝12～14℃。無加温の場合は6～13℃）は確保できると思われます。ですから、ポリシャス、コーヒーノキ、アローカシアなど高温性のものを除いて、多くの観葉植物は、一般家庭でも温室の設置や特別な暖房をしなくても冬越しが可能です。自宅での温度管理の実際は、洋ラン編で記載したとおりです。

　ただし、観葉植物は、玄関、トイレ、台所、居間など、直射日光が入らず温度がそれほど上がらない場所で育てているので、温度管理には格別な注意を払っていません。エアコンなどの温風を直接当てない、また暖房機のそばに鉢を置かないようにはしています。

6 肥料やり

　ミニ観葉植物は、その名のとおりミニであることでその価値が発揮されます。ですから、かわいい姿をできるだけ長く楽しめるように、肥料を少なくして育てることが大きなポイントです。また、肥料をやりすぎると、この栽培方法では底穴がないので、鉢内での肥料養分濃度が高まり、根が濃度障害で傷み、株枯れを起こしてしまいます。液肥をはじめ、速効性の肥料はやらないようにします。


　品目、植物の種類や大きさなどによって異なりますが、植え付け直後のものであれば、3～4カ月程度は肥料を施さなくてもよいです。肥料をやる目安は、葉色の変化です。

　下葉の色が少しうすくなり始めたら、IB化成のような緩効性肥料（ゆっくり溶けて、肥効が温度などにもよるが1カ月程度持続。土の表面に藻が発生することはあるが、カビは発生しない）を鉢や植物の大きさによっても異なりますが、1～2粒（湯飲み茶わんやコーヒーカップ程度の大きさであれば、小さめのものを1粒）土の上に置きます。1年ぐらい肥料をやらなくてもよい場合がけっこうあります。

　なお、有機物を含む肥料は、カビが発生しやすいので避けたほうが無難です。ほとんど成長しない冬期については、肥料は施しません。

カポック

その他の栽培管理

切り戻し、整枝

植物が大きくなって、鉢とのバランスがとれなくなってきたとき（写真はサンデリアーナ。鉢の高さは７㎝。全体の高さは45㎝。下葉も少し枯れてなくなっている）には、葉や枝を切り詰めたり、枝数を少なくしたりして全体の姿をよくします（写真下。鉢も含めて高さ11㎝。新しい茎が出やすいように、１～２節残して切る）。

切り詰めた枝は、挿し芽して増殖できます。枯れ枝、枯れ葉は見つけしだい取り除きます。

バランスが悪くなったドラセナ・サンデリアーナ
容器高さ 7㎝、草丈は底面から 45㎝

葉や枝を切り戻したところ
切り戻し高さ 4㎝、底面から 11㎝。切り取った部分は挿し芽増殖可

鉢回し

植物は光のほうに向かって育つので、置きっぱなしにしておくと、シンゴニウムなどのように光の当たる側がよく育ち形がくずれてきやすい品目があります。『鉢は回して育てろ』という言葉があります。

そのような品目は、週に1回、あるいは水やりごとに鉢を45度ぐらいずつ回して、向きを変えてやりましょう。

表面の土の入れ替え

栽培期間が長くなると、表面の鹿沼土が藻で緑色になって水分の乾き具合がわかりにくくなります。そのときに植物の生育に問題がなければ、表面の鹿沼土を新しいものと入れ替えます。

植え替え

植物が大きくなったときや、切り戻

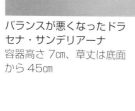

大きな鉢に植え替える

し時に表面の鹿沼土が藻で緑色になり、さらに根が土の表面に見え、全体的に葉が黄色くなっていたら、次のいずれかの方法で植え替えをします。

◆同じ鉢を使う場合

根を3分の1程度、枝葉も鉢の大きさとバランスを考えて切り詰めます。洗面器にためた水の中で、古い用土をすべてふるい落としてから、新しい用土で植え替えます。

株が増えている場合には、株分けして植えます。気分転換のために、自分の好みに合った新しい鉢に植え直すのもよいでしょう。

◆一回り大きな鉢を使う場合

根鉢はくずさずに、新しい用土を補充します。大きな鉢（底穴があってもなくてもよい）に植え替えると、長期間栽培を楽しむことができます。

大きな鉢で底穴がなくても、栽培は可能です（上の写真は直径25㎝×高さ18㎝）。ただし、手頃な大きさのそうした鉢があまり販売されていません。

そこで、鉢カバーに合った中鉢がない場合が多いこともあって私は、ときには鉢カバーそのものを鉢として利用しています。

鉢カバーに植えた斑入りスパシフィルム

増殖

株分け、挿し芽で増殖します。草丈が伸びたものは、切り戻し時に挿し芽ができます。

挿し芽は、最低夜温が15℃程度以上の暖かい時期にすると、発根しやすいです。挿し穂の長さは、容器の大きさとバランスのとれた長さとします。地植えにする場合は、その後の成長を考えると、できるだけ長い穂がよいでしょう。ハイビスカスなどは、30㎝程度の長い穂でも十分発根します。

　ミニ観葉の場合には、成長が早いと長く楽しめないので、できるだけ短い穂とし、小さな容器に植えます。大きくなるたびに少しずつ大きな容器に移し替えていくと、長く楽しめます。

　ちなみにコリウス、フィットニア、イレシネなどの草本類は、品目によって違いはありますが、2〜3週間程度で発根、鉢上げできます。クロトン、ドラセナなどの木本類は、1〜2カ月程度で発根、鉢上げできます。

　挿し芽用土は、プラグ苗育苗用の専用用土が、水をやりすぎても過湿の恐れがなく適しています。鹿沼土でも差し支えありません。挿し穂は、乾燥しにくいプラ鉢の縁に沿って挿すと、挿しやすく倒れにくくなります。

　挿し芽をした鉢は、明るい日陰に置きます。かん水は、朝夕2回、葉が十分水で濡れるようしっかりとかけます。葉は、日中少ししおれても、朝夕に回復するようであれば、たくさんつけていたほうが光合成量は増えるので、発根が早くなります。

　日中葉がしおれるようであれば、葉を少し切り詰めます。

病害虫防除

◆病気

　これまでこの栽培方法で、病気が発生したことはありません。ただし、株や葉先が枯れることはあるので注意が必要です。その原因は、この栽培方法が品目、品種によっては適さないことにあります。

　イチゴ、パンジーなどで、この栽培方法を試してみましたが、株が枯れてしまいました。ペペロミアも品種によっては、うまくできないものもあります。

　また、水やりの遅れや忘れによる用土の乾燥が最も大きな原因です。肥料のやりすぎによる根の濃度障害もあります。

◆害虫

　これまで自宅での栽培で発生したことのある害虫について説明します。

・ハダニ（クモの一種）

　これまで自宅で栽培したガジュマル、斑入りヤブコウジ、ワイヤープランツ、ディフェンバキアに発生しました。ただし、その他の植物についても、たまたまダニが発生しなかっただけで、ダニが発生しないとはいえません。ちなみに職場で栽培しているディフェンバキアにはダニの発生は見ていません。

　発生の主な原因は、購入した株にすでに発生していた、もしくはその株から移ったことだと思われます。購入時に、葉にかすり状の小斑点が見られるものはダニやスリップス（アザミウマ）の被害を受けています。

　ダニは葉裏にいる場合が多いので、葉裏をよく見て購入します。ただし、ハダニはそもそもとても小さいので、発生数が少ない場合には、なかなか見つけにくいといえます。

　庭の草木に発生したものが、風や人の体について室内に運ばれて植物に付着することもあるので注意が必要です。

　ハダニに対しては、散布上安全性の高い有効な粒剤がなく、多発すると噴霧器使用の防除回数が増えます。ハダニが発生しやすいものは、家庭での栽培は避けたほうが無難です。これまで、自宅では噴霧器を使用して薬剤散布をしたことはありません。

　発生に気づいたら速やかに他の植物と切り離します。私の経験では、通常の鉢に植え替えて、直射日光の当たらない木陰にしばらく置いておくと、忘れた頃にハダニが見当たらなくなります。

おそらく、天敵による補食、降雨にさらされるなど環境の変化、より食性の合った近くの草木への移動などがその原因ではないかと推察します。

・アブラムシ

インドシャムラン、わい性のシンゴニウムに一度発生したことがあります。アブラムシも購入した株による持ち込み、あるいは翅（はね）があるので、窓からの侵入が発生の原因となります。

アブラムシには便利な粒剤があります。発生した場合には、鉢や苗の大きさにもよりますが、オルトラン粒剤などを1鉢あたり1～2g程度施用します。施用後、早ければ3～4日で、効果が現われます。温度が低い時期は、効果が現われるのが遅くなります。

・スリップス

これまでにシンゴニウム、インドシャムラン、ドラセナの一部にクリバネアザミウマが一度発生しました。発生原因は、アブラムシと同様であると思われます。

デンファレやデンドロビウムなどの洋ランに一時発生したことがありますが、洋ランから飛んできたのかもしれません（逆に、ミニ観葉から洋ランへの飛び込みも考えられる）。アブラムシと同様の粒剤で防除できます。

・カイガラムシ

アビスやミスキャンタスに、一度発生したことがあります。購入時の株による持ち込みが原因だと考えます。ハブラシなどでていねいに掻き落とします。放置しておくと、他の植物に移るので、発見したら速やかに防除します。

葉を裏表、すみずみまでよく見ないと、発生を見逃し、再発するので注意が必要です。

・アリ

通常の鉢では、特に梅雨の頃に部屋の中にアリが侵入してきて、いつのまにか鉢底や鉢の中にたくさん住み着いてて大変なことになることがよくあります。この栽培方法では、アリやその他の不快害虫が鉢底などに住み着くことはありません。

ただし、鉢の水分が少なくなると、ごくまれに鉢の中に巣をつくろうと集まってくることがあります。水を入れると、いなくなります。

8 長く楽しめる飾り方

◆種類をそろえて、ときどき模様替えをする

観葉植物は変化が少ないので、同じ場所に同じものをずっと飾っておくと、飽きてしまうことがあります。しかし、いろいろな種類をそろえて、飾る場所や鉢置き台を1～2週間おきに変えると、模様替えになり、新鮮な気分になれます。

◆鉢などと植物の組み合わせを楽しむ

鉢や鉢カバー、人形やその他の置き物などと植物の組み合わせを変えると、和、洋、ファンシーなどさまざまな雰囲気を醸し出すことができ、観葉植物の栽培が一段と楽しくなります。

置き台を変えても味が出る
（ドラセナ・サンデリアーナ）

容器を変えると雰囲気が変わる（サンセベリア）

こんな容器なら子供も喜びそう

（ペペロミア）

（パキラ）

（ペペロミア）

タイプ別栽培のポイント 9

栽培が容易なもの

これは水やりの失敗が少なく、比較的低温でも冬越しが可能なものです。

冬期に室内の最低温度が6〜8℃保たれれば、次項の品目は、この栽培方法が可能です。

なお、室内の温度が3〜4℃程度の低温になっても枯れませんでしたが、温度が6℃を下回ると、葉につやがなくなったり、傷んだりする場合もあるので、注意が必要です。

ただし、0℃近くになっても、枯れずに育つ品目もあると思われます。というのも、サンセベリアは、冬越しには10℃以上の温度が必要だとされていますが、最低夜温が0〜5℃になる縁側でひと冬実験的に育てたところ、なんの支障もなく越冬できた結果があるからです。

ところが、これまでの経験から、通常の鉢栽培で、最低温度を下回るような時期にかん水を続けると、サンセベリアは不思議なことに株枯れを起こしてしまいます。そのような時期（鹿児島市では12〜3月）には、一切かん水をしないでいると、無事越冬できます。

このように、品目によっては、通常マニュアルに書いてある最低温度よりも、さらに低い温度でも十分冬越しできることがあります。

フィットニアについても、最低15℃以上と記載のある文献もありますが、この栽培方法では、6〜8℃でも冬越しできました。

ときには、自分自身でいろいろな品目の耐寒性を確認することが大事だと考えます。

最低温度が6〜8℃で冬越しができる品目

アグラオネマ、アビス、イレシネ、オリヅルラン、カシワバゴム、カラテア、カレックス、クリプタンサス、サンセベリア（トラノオ）、シノブ、シェフレラ（カポック）、シンゴニウム、ストレリチア・オーガスタ、スパシフィルム、セキショウ、タニワタリ・エメラルドウェーブ、ツピタンサス、ドラセナ（サンデリアーナ、コンシンネレインボー、アオバサンデリー、ゴッドセフィアーナ）、ネオレゲリア、パキラ、フィカス・アルテシーマ（ゴムノキの一種）、フレボディウム・オーレウム・ブルースター、プテリス、フィットニア、プミラ、ペディランサス、ペペロミア・オブツシフォリア（ペペロミアの仲間で、栽培できない品種もある）、ミスキャンタス、ヒメモンステラ、ルメックス（野菜のハーブの一種）、レックスベゴニア、ガーデンシクラメン、ペンタス

これらの品目以外にも、この栽培方法に適した品目はあると思われます。

水挿しができる（水に浸けて発根する）品目、これらの品目と同じ科の品

目については、この栽培方法ができる可能性が高いと思われます。

栽培がやや難しいもの

冬越しの温度に注意が必要な品目です。最低温度が10℃以上あれば冬越しができると思われます。

コーヒーノキ、ポトス、フィロデンドロン、テーブルヤシ、ヒポエステスは6～8℃の温度では、枯れなかったものの葉色が薄くつやもなくなりました。10℃以上の温度であれば大丈夫かもしれません。

ポリシャスは、3～4℃の低温でかなり葉先が枯れ、しだいに症状がひどくなり枯死しましたが、かなり高温性の品目であると考えます。

冬越しは、マニュアル本に書いてある温度よりも意外と低い温度で可能な場合がよくあります。低温の期間や時間、そのときの植物の状態によって冬越しできる温度は変わってくる、と考えられます。

それぞれの品目の特性と上手な栽培方法がわかるので、ぜひ自分自身でいろいろな品目の栽培に挑戦してみましょう。

栽培が難しいもの

水やりに注意が必要な品目です。

植え付け後、徐々に多湿にならしていけば、栽培できる品目もあります。植え付け時にかん水後、容器を傾けて十分水を落とすことが、その後の根腐れをなくし、活着をよくするポイントです。植え付け後は、用土の鹿沼土がやや白っぽくなってから、表面を濡らす程度に水をやり、徐々に多湿にならしていきます。1カ月くらいこのような水のやり方をすると、その後は水を容器いっぱいためても枯れることはなくなります。

イワヒバ、グレコマアイビー、アジアンタム、アイビー、プミラがそれにあたります。

ペペロミアは種類が多く、適さないものもあります。オブツシフォリアは適しますが、カペラータ、アルギレイア、グラベラ・バリエガータ、ジェイド、オルバは水やりに注意が必要です。アングラータ、グリーンバレー、プティオラータは適しません。

適さない品目

実際に栽培した結果、枯れる、落葉が多いなどがあり、適さないと判断した品目は、次のとおりです。栽培はしていませんが、ほかにも適さない品目はたくさんあると思います。

斑入りベンジャミナ、ベンガルゴム、コプロスマ、ディコンドラ、アサギリソウ、ヘリクリサム、イチゴ、パンジー。

多肉植物のなかま

通常の底穴のある鉢で、午前中はよく日が当たり、雨がかからない軒下やベランダで栽培するのが無難です。

なお、種類を選び、排水対策を十分にすれば、雨が降る露地でも栽培できます。

どうしても多様な容器で栽培を楽しみたいという方は、次の点に注意を払えばできないことはありません。

誰もが簡単にできないことをできるようになれることはとてもうれしいものです。

①水やり

細心の注意が必要です。観葉植物と異なり、用土がほぼ白くなってから水をやります。表面が乾いているように見えても、鉢底部分は湿っている場合があります。

また、多肉植物は乾燥に強いので、あわてて水をやる必要はありません。この栽培方法では、鉢底に水がたまら

多肉植物（底穴のある鉢）

多肉植物（底穴のあるミニプランター）

排水を十分にすれば
露地でも栽培できる

底穴のない容器でも楽しめる
（十二の巻）

（アロエの一種）

ないようにするのが最も大事な点です。

ただし、鉢の内部が見えないので、どの程度水をやればよいかわかりません。実際には経験と勘で、表面の土が濡れる程度やっています。

一度透明なガラスのコップで育ててみると、水やりの間隔や量がよくわかり、内部が見えない容器での栽培の大きな参考になる、と考えます。

②日がよく入る窓辺に鉢を置く

ただし、直射日光は白いレースのカーテンで遮る程度にします。多肉植物だけであれば、レースのカーテンも必要ありません。

日照不足になると、「秀麗」「黄麗」など品目によっては茎が徒長し、しまりのない草姿になります。

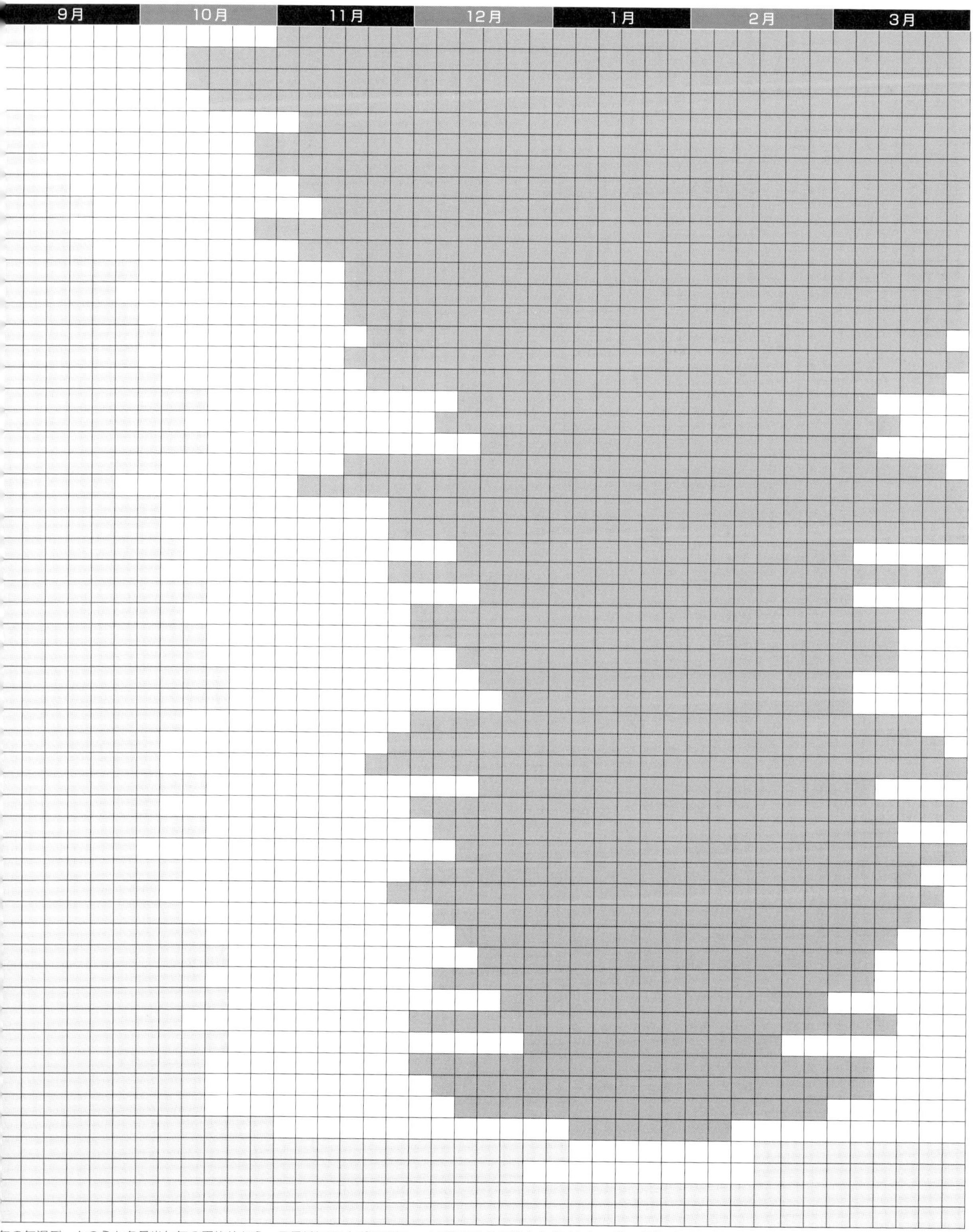

年の気温データのうち各月半旬毎の平均値から、日最低気温が 5℃未満と、15℃以上の期間を色分けした。濃い部分が 5℃未満、うすい部分が 15℃以上。

全国各地の**最低**気温分布

気象庁地方区分	観測地点	4月	5月	6月	7月	8月
北海道　宗谷地方	稚内					
北海道　上川・留萌地方	旭川					
北海道　網走・北見・紋別地方	北見					
北海道　釧路・根室・十勝地方	釧路					
北海道　胆振・日高地方	室蘭					
北海道　石狩・空知・後志地方	札幌					
北海道　渡島・檜山地方	函館					
青森県	青森					
秋田県	秋田					
岩手県	盛岡					
山形県	山形					
宮城県	仙台					
福島県	福島					
茨城県	水戸					
群馬県	前橋					
栃木県	宇都宮					
埼玉県	さいたま					
千葉県	千葉					
東京都	東京					
神奈川県	横浜					
山梨県	甲府					
長野県	長野					
新潟県	新潟					
富山県	富山					
石川県	金沢					
福井県	福井					
静岡県	静岡					
岐阜県	岐阜					
愛知県	名古屋					
三重県	津					
大阪府	大阪					
兵庫県	神戸					
京都府	京都					
滋賀県	大津					
奈良県	奈良					
和歌山県	和歌山					
島根県	松江					
広島県	広島					
鳥取県	鳥取					
岡山県	岡山					
山口県	山口					
香川県	高松					
愛媛県	松山					
徳島県	徳島					
高知県	高知					
福岡県	福岡					
佐賀県	佐賀					
長崎県	長崎					
熊本県	熊本					
大分県	大分					
宮崎県	宮崎					
鹿児島県	鹿児島					
沖縄県　沖縄本島地方	那覇					
沖縄県　大東島地方	南大東					
沖縄県　宮古島地方	宮古島					
沖縄県　八重山地方	石垣島					

気象庁のWebサイトで、「各種データ・資料」の中の「過去の気象データ検索」を調べ、天気予報の地方区分毎に主に都道府県庁所在地を中心として、1981～2010

著者略歴

宮原 俊一（みやはら　しゅんいち）

1953年、鹿児島県生まれ。大阪府立大学農学部卒業。

鹿児島県の農業改良普及所、農業大学校などで主に花き園芸技術の指導者として勤務、2014年まで鹿児島県フラワーセンター所長。

その後「フラワーパークかごしま」で園内の植栽、市民向けの園芸講座などに携わる。

鹿沼土だけで楽しむ 洋ラン・ミニ観葉

2017年3月25日　　第1刷発行

著者　宮原 俊一

発行所　一般社団法人　農山漁村文化協会
〒107-8668　東京都港区赤坂7-6-1
電話 03（3585）1141（営業）　03（3585）1147（編集）
FAX 03（3585）3668　振替 00120-3-144478
URL http://www.ruralnet.or.jp/

ISBN 978-4-540-16172-8　製作／條克己
〈検印廃止〉　印刷・製本／凸版印刷㈱

定価はカバーに表示